T0193309

essentials

essentials liefern aktuelles Wissen in konzentrierter Form. Die Essenz dessen, worauf es als „State-of-the-Art" in der gegenwärtigen Fachdiskussion oder in der Praxis ankommt. *essentials* informieren schnell, unkompliziert und verständlich

- als Einführung in ein aktuelles Thema aus Ihrem Fachgebiet
- als Einstieg in ein für Sie noch unbekanntes Themenfeld
- als Einblick, um zum Thema mitreden zu können

Die Bücher in elektronischer und gedruckter Form bringen das Fachwissen von Springerautor*innen kompakt zur Darstellung. Sie sind besonders für die Nutzung als eBook auf Tablet-PCs, eBook-Readern und Smartphones geeignet. *essentials* sind Wissensbausteine aus den Wirtschafts-, Sozial- und Geisteswissenschaften, aus Technik und Naturwissenschaften sowie aus Medizin, Psychologie und Gesundheitsberufen. Von renommierten Autor*innen aller Springer-Verlagsmarken.

Michael Pankow

Kundenbindungsprogramme für Industrieunternehmen mit indirekten Kunden

Wertegemeinschaften im B2B zur
Verbesserung der Kundenloyalität

Michael Pankow
Menden, Deutschland

ISSN 2197-6708   ISSN 2197-6716   (electronic)
essentials
ISBN 978-3-658-39789-0   ISBN 978-3-658-39790-6   (eBook)
https://doi.org/10.1007/978-3-658-39790-6

Die Deutsche Nationalbibliothek verzeichnet diese Publikation in der Deutschen Nationalbiblio-
grafie; detaillierte bibliografische Daten sind im Internet über http://dnb.d-nb.de abrufbar.

Planung/Lektorat: Imke Sander
Springer Gabler ist ein Imprint der eingetragenen Gesellschaft Springer Fachmedien Wiesbaden
GmbH und ist ein Teil von Springer Nature.
Die Anschrift der Gesellschaft ist: Abraham-Lincoln-Str. 46, 65189 Wiesbaden, Germany

Was Sie in diesem *essential* finden können

- Einen aktuellen Beitrag zur Bedeutung von Loyalitätsprogrammen im B2B und zu den Chancen, durch systematisch geführte Programme erfolgreich zu sein.
- Einen Leitfaden mit Tipps und Checklisten zur Umsetzung für Entscheider.
- Darstellung von praktischen, erfolgreichen Cases aus der Bauzuliefererbranche.
- Statements von Unternehmen aus der beschriebenen Branche.

Vorwort

Was mich für dieses Buch motiviert hat

Fast mein gesamtes Berufsleben habe ich in B2B-Märkten zugebracht. Zumeist verantwortlich für Marketing und Vertrieb und die Führung von Organisationen in unterschiedlich entwickelten wirtschaftlichen Regionen Europas. Der Erfolg stand immer im Zusammenhang mit der Qualität der Verzahnung der am Geschäft beteiligten Geschäftspartner. Die theoretisch und praktisch bekannten Marketingkonzeptionen zur Kundenakquisition, -bindung und -wiedergewinnung haben unterschiedliche Zielrichtungen und damit verbundene Leistungsbausteine. Die erfolgreiche Realisierung insbesondere der Kundenbindung baut immer auf einer exzellenten Markenleistung der Unternehmen auf und praktiziert darüber hinaus eigenständige Konzepte, die natürlich von der Art der Unternehmensleistung mit dem Kunden geprägt sind, aber immer eine persönliche und eine fachliche Komponente aufweist. Die Orchestrierung dieser kundenbindungsrelevanten Komponenten ist das Geheimnis für Loyalität und Gemeinschaftsgeist.

Die Unterschiedlichkeiten und die Gemeinsamkeiten von erfolgreichen Partnerprogrammen in unterschiedlichen Branchen der Bauzulieferindustrie haben mich inspiriert, nach einem „Muster der Erfolgreichen" zu suchen. Ein Muster, das Erfolgsstrategien erkennen lässt, Überzeugungen zu Konzepten macht, situative Maßnahmen entwickelt und Bestandteile eines langfristigen und wirksamen Engagements beschreibt.

Worin besteht der Mehrwert für den Leser?

Das Werk richtet sich an Marketing- und Vertriebsführungskräfte in Industrieunternehmen ab 500 Mitarbeiter, die in Märkten mit mehrstufigen Vertriebswegen tätig sind. Nach der Lektüre soll der Leser in die Lage versetzt sein, zahlreiche Argumente

und vielseitige Nutzen und Mehrwerte für die positive Entwicklung seiner Kundenbeziehungen im B2B verstanden zu haben. Hier hat das Buch eine aufklärende und
zugleich empfehlende Funktion hinsichtlich der Wirkung von sog. Partnerprogrammen, die zum Ziel haben, eine Wertegemeinschaft ausgewählter, indirekter Kunden
zu bilden und zu gestalten. Damit wird der Leser in zweifacher Hinsicht unterstützt:
Zum einen kann er besser beurteilen, ob ein Programm zur Steigerung der Kundenloyalität in seiner Firma erfolgversprechend sein kann. Zum anderen erhält er ein
Werkzeug zur Messung der individuellen Entwicklung der Kundenloyalität, um so
die Wirkung eines Partnerprogrammes zu analysieren. Schließlich erhält der Leser
stichhaltige Argumente für die Gewinnung von Ressourcen für die Umsetzung des
Programms im Unternehmen.

Kompakte und ratgebende Praxistipps unterstützen die Analyse der individuellen Firmensituation und helfen so mit Antworten und Tipps zu geplanten, die
Kundenloyalität möglicherweise steigernden Partnerprogrammen.

Der hier vorgestellte Typ von B2B-Partnerprogrammen soll insbesondere
Stammkunden der Industrie im Fachhandwerk erreichen und deren Loyalität zum
Unternehmen weiter festigen und verbessern. Erfolgreich aufgestellte Wertegemeinschaften bestehend aus Handwerksunternehmern unterstützen das Industrieunternehmen in vielerlei Hinsicht und tragen dazu bei, die gemeinsame Performance im
entsprechenden Markt auf Basis einer Win-win-Situation zu verbessern.

Aufbau, Struktur und Begriffsklärungen
Einige theoretische Überlegungen zum Thema „Kundenloyalität" leiten über zu
Grundlagen der Umsetzung von Partnerprogrammen in verschiedenen Branchen
mit mehrstufigem Vertrieb.

In dieser Ausarbeitung steht die Bauzuliefererindustrie, die mit dem Fachgroßhandel und dem Fachhandwerk zusammenarbeitet, im Mittelpunkt. Am Ende
dieses dreistufigen bzw. traditionellen Vertriebswegs steht die Belieferung des
Endverwenders, der ein privater oder gewerblicher Abnehmer sein kann. Für
die Industrie oder den Hersteller gilt der selbstständige Fachhandwerker mit seinem Betrieb als indirekter Kunde. Die Loyalität dieses indirekten Kunden im
Business-to-Business-Markt (B2B) steht im Mittelpunkt der Ausarbeitung.

Es folgen die Erarbeitung von wichtigen Erfolgsfaktoren der meisten Programme und eine Darstellung ausgewählter und gegenwärtig stabil arbeitender
B2B-Kundenmanagementprogramme der Industrie sowie konkrete kritische Wür-
digungen von Partnerprogrammen durch ausgewählte Marktteilnehmer – u. a. dem
Fachgroßhandel – in der Praxis.

Eine Managementzusammenfassung und ein Leitfaden mit Fragen, Tipps und
Checklisten schließen dieses Buch ab.

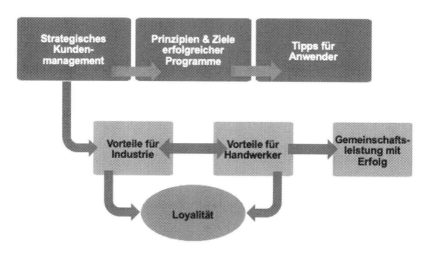

Abb. 1 Strategisches Kundenmanagement und Loyalität. (Quelle: Eigene Darstellung)

In diesem Buch werden verschiedene vergleichsweise ähnliche Begriffe genutzt. Zur Abgrenzung hier einige Erläuterungen:

Das Kundenmanagement eines Unternehmens betrifft die gesamte Bandbreite der Marketing- und Vertriebsaktivitäten, die alle kaufenden oder betreuten Kunden – also alle Firmen betrifft, mit denen das Unternehmen in aktivem oder passivem Kontakt steht. Kundenmanagementprogramme sind organisierte Aktivitäten, die auf bestimmte Kundenarten ausgerichtet werden, mit dem Ziel der Förderung der Zusammenarbeit, um so mehr Geschäft zu realisieren. Partnerprogramme sind Kundenmanagementprogramme, die mit ausgewählten Stammkunden durchgeführt werden. Stammkunden haben besondere Merkmale und sind wegen ihrer Größe oder Stellung im Markt für das Unternehmen von herausragender Bedeutung. Kunden-bindungsprogramme dienen der Festigung der Beziehung zwischen zwei Firmen, die geschäftlich und persönlich verbunden sind. Komplett ist kundenorientierte Vertriebsarbeit schließlich mit dem Kundenakquisitionsprogramm zur Gewinnung von Neukunden und dem Kundenrückgewinnungsprogramm zur Wiederherstellung einer verloren gegangenen Kundenbeziehung und Verlust des Geschäftes. Es gibt Mischformen in dieser Struktur, die in dieser Abgrenzung unberücksichtigt bleiben. Auch ist von Loyalitätsprogrammen die Rede, die im Kern Partnerprogramme

sind, mit Kundenbindungsabsicht zur Erhöhung oder Verbesserung der Kundenloyalität. Im Allgemeinen geht man davon aus, dass die Loyalität von Kunden
ausschlaggebend für die geschäftlichen Ergebnisse ist (Abb. 1).

Ich wünsche Ihnen viel Erfolg beim Umsetzen.

Hamburg und Menden   Michael Pankow
September 2022

Danksagung

Ich danke herzlich Nils Klotz (Gira) und Oliver Zimmer (BMI) für ihre Textbeiträge und Abbildungen. Ebenfalls bedanke ich mich bei Klaus Gerwing (Gerwing.Söhne) und Armin Nowak (Elmer) für ihre Bereitschaft zu einem Interview und der Möglichkeit die Inhalte zu veröffentlichen. Meiner Tochter Ann-Kathrin Vieth bin ich sehr dankbar für die Erstellung und Gestaltung der Abbildungen.

Dankbar bin ich auch meiner Lektorin Imke Sander (Springer Gabler) und Revathy Ravichandran (Springer Nature) für die äußerst angenehme Zusammenarbeit.

Inhaltsverzeichnis

Über den Autor

Professor Dr. rer. pol. Michael Pankow ist Diplom Kaufmann und ein international erfahrener Experte für Kunden- und Vertriebsmanagement im B2B. Er studierte Wirtschaftswissenschaften an der Universität Hamburg und promovierte im Fachbereich Industriebetriebslehre. Anschließend arbeitete er für Tchibo, wo er später zum Vertriebsleiter in Hamburg und Berlin wurde. Es folgten Stationen bei den Industriemarkenunternehmen Schütz, Grohe und Dormakaba, Regionales Management in Europa und globale Geschäftsentwicklung für Haus- und Gebäudetechnik standen dabei im Mittelpunkt seiner Verantwortung. Sämtliche seiner Funktionen waren auf Group Executive Level.

Der Aufbau langfristig profitabler Kundenbeziehungen war und ist zielführend für Michael Pankow, da sie insbesondere in Zeiten der Globalisierung und Digitalisierung erfolgsweisend sind.

Gegenwärtig ist er Gründer, Teilhaber und Beirat für spezialisierte Unternehmen und Start-Ups, u. a. in der Haus- und Gebäudetechnik.

Als Professor lehrt er Marketing und Vertrieb an der FOM Hochschule.

Strategisches Kundenmanagement und Loyalität

1

Es ist um ein Vielfaches teurer, einen neuen Kunden zu gewinnen als einen Kunden zum Wiedereinkauf zu mobilisieren. Wenn der Kunde loyal zur Marke steht, bleibt er länger treu als ein nicht wirklich gewonnener und überzeugter Kunde. Mit einem Programm, das auf die Loyalität eines Kunden abzielt und individuellen Bedürfnissen gerecht wird, ist demzufolge insbesondere mit einem Vielfachen an Umsatz zu rechnen.

Die Loyalität zu Marken oder Firmen wird von den Menschen bestimmt, die als Repräsentanten der Business Partner kontinuierlich und verlässlich aktiv sind. Die Beziehung steuert das Geschäft. Der Prozess verläuft nicht umgekehrt. Zumindest nicht heute oder morgen, wenn der entscheidende Faktor für den Grad der Loyalität die Qualität der wahrgenommenen individuellen Beziehungsmarketingmaßnahmen ist.

Geht man von einer guten Qualität und zuverlässiger Logistik bei einem akzeptablen Preis aus, so sind die bekannten Marketingtools in der Regel austauschbar. Selbst aggressives digitales Marketing kommt in einigen Branchen bereits an die Wirkungsgrenzen. Gerade dann spielen die menschliche Kommunikation und die zwischenmenschlichen Beziehungsstrukturen eine zusätzliche, ja wesentliche Rolle. Warum ist das so?

Loyalität wird durch einen erweiterten Marketingmix erst möglich. Neben Preis, Promotion, Place und Produkt gehören längst auch die möglichst selektierte und individualisierte Kommunikation zum Marketingmix. Dieses firmenindividuelle Geflecht zu strukturieren und in das Marketing zu integrieren, bildet den Ausgangspunkt für einen Weg in ein erfolgreiches loyalitätsverbesserndes Beziehungsmarketing.

Das bedeutet heute mehr denn je, auf den vielfältigen B2B-Strukturen aufzubauen und daraus ein Gesamtkonzept in Form eines Unternehmens-Beziehungs-Marketingprogramms zu orchestrieren. Eine so entwickelte Kundengemeinschaft

© Der/die Autor(en), exklusiv lizenziert an Springer Fachmedien Wiesbaden GmbH, ein Teil von Springer Nature 2023
M. Pankow, *Kundenbindungsprogramme für Industrieunternehmen mit indirekten Kunden*, essentials, https://doi.org/10.1007/978-3-658-39790-6_1

mit einem geschäftsentwicklungsorientierten Sinn wird bei den Geschäftsverantwortlichen als Marketing- und Vertriebsmaßnahmenprogramm überzeugen.

Diverse Untersuchungen zur Kundenloyalität kommen zu dem Ergebnis, dass
insbesondere die Servicequalität in Form von Hilfsbereitschaft und persönlichen, höflichen Umgangsformen bemängelt wurde. Ein signifikanter Teil dieser
abwanderungsbereiten Businesskunden vermisste persönliche Aufmerksamkeit
vonseiten des liefernden Unternehmens und ließ sich leicht abwerben, obwohl
Produkt und Service fachlich grundsätzlich stimmten.

Insgesamt lässt sich sagen, dass insbesondere Marketing- und Vertriebsleitun-
gen aus Markenunternehmen im Rahmen von Workshops und ERFA Erfahrungs-
austauschkreisen erklären, dass sich organisierte Kundenmanagementprogramme
zur Steigerung der Loyalität insgesamt lohnen.

Folgende konzeptionelle Gemeinsamkeiten lassen sich bei allen Programmen
dieser Art erkennen:

- Persönliche Beziehungen, insbesondere Dialogbereitschaft auf Chefebene.
- Akzeptanz und Teilnahmebereitschaft bei verkaufsfördernden Maßnahmen.
- Geschäftsausstattung mit Marken des Industriepartners beim Handwerk vor
  Ort.
- Wahrnehmbare positive Bewertungen der Geschäftstätigkeit:
  - Geringe Akquisitionskosten bei Neuprodukteinführungen
  - Hohe Erfolgschancen bei Cross-Selling-Potenzialen
  - Mehr Share-of-Wallet als bei nicht teilnehmenden Betrieben
  - Stabiler, vergleichsweise höherer Deckungsbeitrag
  - Aktive und vertrauensvolle Zusammenarbeit bei Verbesserungen
  - Offene, konstruktive Reklamationsgespräche

Die Abb. 1.1 zeigt schematisch, wie sich die Marketingepochen im Zeitablauf
inhaltlich entwickelt haben. Die steigende Bedeutung der individuell und persönlich gestalteten Rahmenbedingungen einer Kundenbeziehung im B2B wird
deutlich.

Während zu Beginn des Betrachtungszeitraums die Konzentration auf das Pro-
duktmarketing mit dem Hauptaugenmerk auf das technische Leistungsvermögen
des Produktes im Vordergrund stand, verschob sich der Marketing-Mix zusätzlich
immer mehr zu Service und Beziehungsmarketing. Perspektivisch wird eine Indi-
vidualisierung von Marketingmaßnahmen mit zusätzlichem Einsatz persönlicher
Beziehungen zwischen verantwortlichen Personen an Bedeutung gewinnen. Eine
Wertegemeinschaft überzeugter Kunden liefert außerordentliche Perspektiven, die
die Chance eröffnet, den Erfolg im B2B für alle beteiligten Geschäftspartner
nachhaltig zu verbessern.

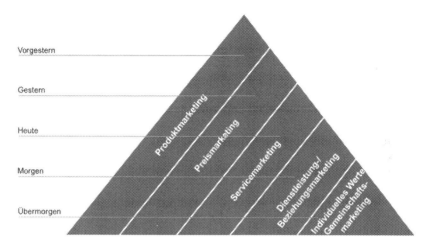

Abb. 1.1 Weiterentwicklung von loyalitätsrelevantem Marketing. (Quelle: Eigene Darstellung in Anlehnung an Lübcke und Petersen (Hrsg.) 1996)

1.1 Kundenloyalität als Erfolgsbooster

Während der Fokus zu Beginn meiner beruflichen Tätigkeit Ende der 1980er Jahre auf Produkten und deren Qualität lag, steht mittlerweile die Beziehung zu den Kunden zusätzlich im Zentrum aller Bemühungen in Vertrieb und Marketing. So oder so ähnlich liest sich das in fast allen Unternehmensleitlinien. Mission Statements von Vertriebs- und Marketingbereichen sind auf den Kunden und seine Bedürfnisse fokussiert.

Es stellt sich die Frage, ob diese Erkenntnis auch wirklich in der Praxis weitergeführt wird, oder ob die eigentlichen marketing- und vertriebstechnischen Maßnahmen wie früher auf Marken-Awareness und Rabatte konzentriert sind. Wenn der Kundenmanagementprozess mit dem erfolgreichen Produkt- oder Dienstleistungstransfer endet, verpasst man gewissermaßen eine Chance zum Aufbau von Kundenloyalität, die das Geschäft im B2B beflügeln kann.

Kundenloyalität ist also ein wirksamer Erfolgsfaktor für langfristigen Geschäftserfolg (s. Abb. 1.2).

Abb. 1.2 Einflussfaktoren auf die Kundenloyalität. (Quelle: Eigene Darstellung in Anlehnung an Bruhn 2016)

1.2 Was ist Kundenloyalität?

Im Unterschied zu Kundenbindung und Kundenorientierung oder Kundenzufriedenheit ist Kundenloyalität von einer Vielzahl zusätzlicher Merkmale bestimmt, die mit der Wirkung auf das Verhalten, hier insbesondere der indirekten Kunden, zu tun haben. Man könnte auch sagen, der Anspruch ist, langfristig Vertrauen gerade mit dieser Zielgruppe herzustellen.

Die Loyalität indirekter Kunden zu gewinnen, ist deshalb besonders anspruchsvoll, da, wie bereits erwähnt, eine das (Kauf-)Verhalten der Handwerker beeinflussende Vertriebsstufe zwischen dem Hersteller und dem indirekten Kunden liegt. Der direkte Kunde des Herstellers ist in dem dieser Ausarbeitung zugrunde liegenden Marktmodell der Fachgroßhändler.

Ausgewählte Merkmale der Kundenloyalität zwischen Hersteller und Handwerker sind z. B.:

- Eine stabile, belastbare emotionale Bindung des Handwerkers zur Herstellermarke.
- Eine freiwillige Verbundenheit der handelnden Personen untereinander.
- Die erklärte Absicht des Kunden, die Geschäftsbeziehung fortzusetzen.
- Die Einkäufe anteilig im Zeitablauf zu erhöhen.

- Die Fürsprache und die Kommunikation positiver Dinge über die Firma.
- Die Erklärung einer gemeinsamen Zukunft, auch ohne Aufforderung.
- Gemeinsame Erfolgsgeschichten und positive Erfahrungen.
- Generationenübergreifende Motivation zur Zusammenarbeit.
- Relevante Dienststellen sind einander vertraut, werden leicht erreicht und einbezogen.

Das Thema Vertrauen zwischen Menschen steht hier also im Vordergrund. Kundenloyalität erhält das Unternehmen von seinen Kunden nicht ohne seriöse Anstrengungen und Investitionen in vertrauensbildende Maßnahmen. Kundenloyalität ist auch nicht nur in eine Richtung ausgeprägt, sondern eine gegenseitig wirkende Kraft.

Insgesamt beeinflusst Loyalität damit die Geschäftstätigkeit positiv, wegen einer spürbar bestimmenden Wirkung auf das Verhalten aller Beteiligten im Rahmen der Kundenbeziehung und in Folge der Geschäftstätigkeit (s. Abb. 1.3).

Zu beachten ist die Enttäuschung der Kunden durch Unehrlichkeit oder Vernachlässigung und Nichteinhaltung von gemachten Zusagen. Die Loyalität erlischt. Erfahrungsgemäß bemerkt das ein aufmerksamer Betreuer und kann ggf. Gegenmaßnahmen einleiten.

1.3 Die bestimmenden Faktoren für den Grad der Loyalität

Oft sind es einfach Wissensdefizite hinsichtlich nicht genutzter Potenziale, die in der mangelnden Beachtung von Kundenloyalität liegen. Bei fachlichen Gesprächen entsteht immer wieder der Eindruck, dass Loyalität ja grundsätzlich gegeben sei und nicht erworben werden muss. Die geschäftlich routinierte Zusammenarbeit ist Beleg dafür. Ist das so?

Die Angst vor unwirksamen Investitionen und nicht klar messbaren Returns on Investment entsprechender Marketing- und Vertriebsmaßnahmen ist in Auseinandersetzungen bei der Verteilung der Ressourcen immer wieder zu beobachten. Dabei ist bekanntermaßen die Investition in vorhandene Kundenbeziehungen nicht nur kosteneffizienter, sondern auch langfristig belastbarer für die kontinuierliche Geschäftsentwicklung und damit insgesamt auch eine sinnvolle Aktion.

Modernes Kundenmanagement mit System ist kein Marketingtool, das der Vertrieb flankierend „erträgt" bzw. einsetzen muss, sondern es sollte eine strategische und organisatorische Verankerung im Unternehmen haben.

Abb. 1.3 Kundenloyalität zeigt Merkmale und Zeichen von Vertrauen. (Quelle: Eigene Darstellung)

Das Marketingverständnis „outside in" prägt bekanntermaßen die Zukunft erfolgreicher Unternehmensvisionen, d. h. die konsequente Ausrichtung auf Kundenbedürfnisse, die natürlich mithilfe vertrauensvoller Zusammenarbeit auf Augenhöhe mit relevanten Kunden erreicht werden kann.

Welche Bestandteile einer vertrauensvollen Zusammenarbeit sind gemeint? Es sind verhaltensbeeinflussende Anreize. Darüber hinaus erwartet der Stammkunde Privilegien und Maßnahmen, die Wertschätzung durch Honorierung besonderer Leistung spürbar machen (s. Abb. 1.4). Vertrauensvoller Wissenstransfer im Bereich der Produktverbesserung z. B. oder Verkaufsförderungsmaßnahmen ohne Streuverlust, die die Geschäfte des Kunden positiv unterstützen, gehören dazu. Schließlich – nach Ende einer Entwicklung – ist zusätzlich eine emotionale Verbindung zwischen Kunde und Betreuer als ein unverzichtbarer Wirkungsbestandteil geschaffen, und der liefernde Hersteller hat die Königsklasse erreicht: einen Trusted-Advisor-Status.

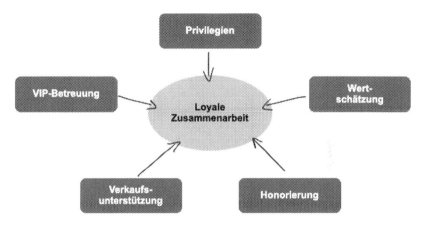

Abb. 1.4 Erwartungen eines Stammkunden im B2B. (Quelle: Eigene Darstellung)

Gemeinsam werden Wertbeitrage und Nutzen für das Geschäft auf beiden Seiten erzielt. So entsteht eine „programmorchestrierte *Win-win-Situation*", die natürlich immer individuell vom Geschäftscharakter und den Interessen seiner Beteiligten geprägt ist. Viele überzeugte Stammkunden bilden gemeinsam eine Wertegemeinschaft und begeistern sich für eine Teilnahme in dieser Gemeinschaft und wollen dazu gehören.

Folgende Interessen insbesondere von indirekten Stammkunden liegen vor:

Privilegien

Insbesondere statusbewusste Stammkunden freuen sich immer über Merkmale und Zuwendungen, die sich sowohl spürbar als auch sichtbar von anderen „Normalkunden" unterscheiden. Im B2C-Geschäft z. B. bei Fluggesellschaften kennt man den exklusiven Zugang zu Business Lounges oder den berühmten First-Class-Abfertigungsschalter mit schnellerem Check-in. Im B2B-Geschäft sind es z. B. VIP-Einladungen zur „Vorab-Produkt-/Neuheiten-Vorstellung" einer innovativen Produktserie oder zu einem Kolloquium zu Branchenthemen an speziellem Ort.

All das zielt auf das loyale Verhalten ab – quasi als Vertrauensbeweis. Die beste Form ist es, wenn es den Markenmanagern und Vertrieblern gelingt, ihren Stammkunden als Markenbotschafter zu gewinnen, der bewusst oder unbewusst über die Vorzüge der Marke berichtet.

Wertschätzung

Stammkunden sind sich ihres Wertes für das Unternehmen bewusst. Folglich erwarten sie, quasi entsprechend ihres Wertes für das jeweilige Unternehmen, behandelt zu werden, und nicht in der anonymen Massenkundschaft mit zu schwimmen.

Individualisierte Maßnahmen als Ausdruck der Wertschätzung zu entwickeln und einzusetzen, setzen eine präzise Analyse des infrage kommenden Kundenkreises voraus. Denn die Stammkunden wollen „unter sich" sein, beispielsweise hinsichtlich der Betreuung. Der Blumenstrauß zum Geburtstag ist auf den ersten Blick trivial, aber, ergänzt um einen persönlichen Besuch vor Ort, eine typische Maßnahme mit hoher Wirksamkeit und Sichtbarkeit auch für andere Kunden.

Honorierung

Für den Stammkunden sind interessante und exklusive Angebote und Leistungsrabatte immer interessant, wenn sie den Stammkunden in eine verbesserte Wettbewerbssituation versetzt. Der Erfolgsschlüssel ist der individuelle Zuschnitt auf die Nützlichkeit des Angebots für den Kunden. Auch Informationen im Objektgeschäft und die Zusammenarbeit im Leadgewinnungsprozess gelten als „Spezial"-Angebote, die produkt- und dienstleistungsspezifische, also geldwerte, Leistungskomponenten darstellen. Der Kern für die Wirksamkeit derartiger Leistungsangebote ist der Verzicht auf Streuverluste durch Beliebigkeit. Das attraktive Angebot bietet für Stammkunden zudem die Möglichkeit zu Cross- und Up-Selling-Mechaniken seitens eines Herstellers. So wird einmal mehr eine Win-win-Situation ermöglicht und die positive Wirkung der Gemeinschaft auf das Geschäft verstärkt.

Verkaufsförderung

Grundsätzlich möchte der Stammkunde nur mit den Informationen und Medien versorgt werden, die mit seinen eigenen Prozessen kompatibel sind. Bei dem einen sind es E-Mails oder Erinnerungen per Telefon. Der nächste Kunde benötigt eine sogenannte Hotline auf der Baustelle mit kompetenter Hilfe. Es geht immer um die Förderung seines Verkaufserfolges, und die kann bei der Durchführung unterschiedlich ausfallen. Aus Sicht des Anbieters ist die Effizienz der Kundenkommunikation auch bei optimaler Ressourcenausschöpfung wichtig und kann so durch treffsichere Unterstützung sichergestellt werden.

Betreuung

Das zwischenmenschliche Miteinander im Kundenmanagement erfordert viel Sorgfalt bei der Auswahl der persönlich beteiligten Personen. Es geht um das Schaffen und Nutzen von gegenseitigem Vertrauen. Die meisten Businesspartner tauschen sich gern mit Personen ihres Vertrauens aus. Im Ergebnis kaufen sie dann quasi automatisch Produkte und Dienstleistungen bei dem Partner ihres Vertrauens. Dies setzt ein in den Augen des Käufers stimmiges Angebot voraus. Durch die persönliche Betreuung wird es dem Stammkunden mit faktischen und emotionalen Umständen erschwert, die Marke zu wechseln. Selbst bei zunehmender Digitalisierung und Transparenz ist das im B2B zu erzielen und mithilfe geeigneter KPIs zu belegen. Im Ergebnis erhöht der professionelle und kundenorientierte Betreuungsansatz die Planungssicherheit auf beiden Seiten des Geschäftes und es ergibt sich bei kontinuierlich organisierter Einbindung in ein Loyalitätsprogramm ein Schutz vor Preiskämpfen und versteckter Kündigung der Geschäftsbeziehung.

Zur Verantwortung des Vertriebs
Der Vertrieb ist der persönliche Verbinder zwischen Marketing und dem Kunden, auch dem indirekten Kunden. Er hat eine Schlüsselrolle. Ohne die Arbeit des Vertriebs bleibt deshalb ein gut gemeintes Programm zur Steigerung der Kundenloyalität lediglich ein hübscher Prospekt.

Jeder Vertriebsmitarbeiter kennt das Problem aus seiner täglichen Arbeit: Der Preis spielt immer mehr eine entscheidende Rolle und die früher verfangenden Argumente verlieren scheinbar an Bedeutung. Zur Konkurrenz hinzu kommt die totale Transparenz mit andauernden Vergleichsprozessen.

Es stellt sich die Frage, ob die Loyalität zu den Menschen, Produkten und Dienstleistungen und damit zu einer Marke deshalb im Laufe der Zeit verloren gehen kann. Nach meiner Überzeugung können loyalitätsfördernde Programme einen kraftvollen Anteil an einer klugen, zeitgemäßen Kundenmanagementstrategie haben, die auf einem attraktiven Mission Statement beruhen und das Geschäft sichern und ausbauen.

1.4 Modellansatz: Loyalitätsmessung mit einem kundenwertbasierten Scoring-Modell

In diesem Abschnitt wird zur Ergänzung des Beurteilens von Kundenloyalität (s. Abb. 1.5) im B2B der Versuch unternommen, die Loyalität eines indirekten Kunden zu messen. Dabei ist auf eine maximale Flexibilität der Modellkomponenten geachtet worden, um in erster Linie den vom Management als bedeutsam für die Geschäftsentwicklung eingeschätzten Erfolgsfaktoren zu würdigen.

So kann firmenindividuell die Loyalität quantitativ gemessen werden, um so

- Kunden auf Basis einer Messzahl vergleichen zu können.
- Regionale Bedeutsamkeiten zu identifizieren.

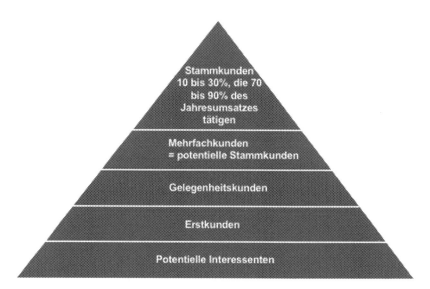

Abb. 1.5 Kundenloyalitätspyramide. (Quelle: Eigene Darstellung in Anlehnung an Lübcke und Petersen (Hrsg.) 1996)

- Loyalitätsgrad mit Betriebsspezifika zu vergleichen.
- Vertrauensvolle, strukturierte und bereichernde Gespräche zu führen.
- Wachstums- und Mitwirkungsziele gemeinsam mit dem Kunden zu erarbeiten.
- Bei Konsolidierung ein Gesamtbild der Kundschaft zu erhalten.
- Die Wirkung der Geschäftsstrategie im Zeitablauf zu ermitteln.

Nachfolgend wird ein Vorschlag beispielhaft dargestellt. Er zeigt einen ermittelten Loyalitätswert in Höhe von 400 Punkten für einen simulierten, indirekten Kunden. Die Werte werden durch einfache Rechenoperationen ermittelt und von geschultem Personal der betreuenden Vertriebsorganisation vertraulich im Gespräch mit dem Inhaber eines Handwerksbetriebes erarbeitet.

Einige Hinweise zu den Spalten und Zeilen der Loyalitätswertermittlung in Abb. 1.6:

1. Zeile: Name des Kunden, Bedeutungsgewicht, d. h. in welchem Maß hat der Kunden die an ihn gestellten Anforderungen in der zurückliegenden Bewertungsperiode erfüllt. Grundlage dafür ist ein Zielerfüllungsprofil, das im Jahresgespräch verbindlich vereinbart wird. Der Anteil der Loyalitätskriterien als Teil von 100

Kundennname	Bedeutungs-gewicht					Anteil	Ermittlung
Loyalitätskriterien	1	2	3	4	5		
Umsatz auf Basis Nachweise				x		30	120
Wartungsverträge		x				5	10
Seminarbesuche, Zertifikate			x			5	15
Veranstaltungsbeiträge				x		5	20
Markenwerbung vor Ort					x	10	50
Einsatz Planungstool				x		10	40
Kooperation mit ADM			x			10	30
Teilnahme an Workshop			x			5	15
Mitwirkung in Organen					x	10	50
Share of Wallet belegt					x	10	50
Summe						100	400

Abb. 1.6 Loyalitätswertermittlung mit einfachen Scoring-Modells. (Quelle: Eigene Darstellung)

ermöglicht eine Gewichtung, also Bedeutung des Loyalitätskriteriums für die Zusammenarbeit.
Die ermittelte Kennzahl ergibt sich aus einer Multiplikation.

- 1. Zeile: Loyalitätskriterien, Gewichtungsmultiplikatoren 1 bis 5. 5 ist voll erfüllt. 1 bedeutet nicht erfüllt.
- 2. Zeile und weitere Zeilen:
  Folgendes Loyalitätskriterium ist hier als Erstes genannt:
  „Umsatz auf Basis von Rechnungsnachweisen".
  In diesem Beispiel ist das Kriterium voll erfüllt und kann im Gespräch zwischen dem Vertriebler und dem Kunden eingetragen werden. Die Reihenfolge der Kriterien ist für die Ergebnisfindung nicht relevant.
- Letzte Zeile: Ergebniszeile – hier 400 Punkte – als Additionsergebnis.

Eine Übertragung in eine weiterführende Gesamtübersicht ist als nächster Schritt vorzusehen.

Die Verwendung der Ergebnisse ist als flankierend zum CRM-Daten-Management-Prozess zu bewerten und soll dem Vertriebspersonal und dem Kunden mehr Sicherheit hinsichtlich der Qualität der Zusammenarbeit geben. Insbesondere die Weiterentwicklung des Zahlenwerkes im Zeitablauf eignet sich gut für die Fortführung oder individuelle Anpassung von einzelnen Programmmaßnahmen.

1.5　Die Wertegemeinschaft als organisatorischer Rahmen mit strategischer Bedeutung

Eine Wertegemeinschaft zu gründen oder zu betreiben ist bei der Zielausrichtung der Programmplanung von herausragender Bedeutung für das gute Gelingen einer loyalitätsfördernden Initiative im Rahmen des Kundenmanagements.

Die Werte der Gemeinschaft beruhen auf einem gemeinsamen Verständnis der Zusammenarbeit. Die Zusammenarbeit hat das Ziel, bessere Leistung zu erbringen und im Rahmen eines kontinuierlichen Verbesserungsprozesses die Wertschöpfung aller Beteiligten zu erhöhen. Die Gemeinschaft hat auch das Ziel, gemeinsame Leistungsqualitäten zu erreichen, die über das pünktlich gelieferte Produkt hinausgehen. Dazu gehören hochvertrauliche Entwicklungsworkshops zur Verbesserung der Produkte und Dienstleistungen der Hersteller oder auch die gemeinsame Entwicklung von Planungstools im Objektgeschäft. Genauso gehören neben der Weiterbildung auch gemeinsame Erlebnisse wie Jahrestagungen und Fachstudienreisen dazu. Die Individualität jedes teilnehmenden Betriebes wird gewürdigt und nicht angetastet.

Zu wichtigen organisatorischen Voraussetzungen gehören insbesondere folgende, ausgewählte Prozesse und Strukturen:

1. Das Auswahlverfahren zur Findung geeigneter Handwerksunternehmen.
2. Die Satzung zur Manifestierung der Grundwerte der Gemeinschaft.
3. Die Regelkommunikation und eine Dokumentation der Beschlüsse.
4. Die Aufgabenteilung in einem Beirat der Teilnehmerunternehmen.
5. Das eigenständige Kommunikationsdesign der Gemeinschaft z. B. ein eigenes Logo.
6. Das Leistungs- und Gegenleistungsprinzip mit konkreten Aktionen.
7. Die „Klassen" der Teilnehmer und ihre Unterscheidungsmerkmale.

8. Die Loyalitätswährung mit konkreten Prämien, Leistungen und Vergünstigungen.
9. Die regionale Abdeckung mit geregelter Verteilung der Mitgliedsbetriebe.
10. Die dauernde Verbesserung der Arbeit als Prinzip der Zusammenarbeit.

Alle hier ausgewählten Bestandteile einer Wertegemeinschaft sollen das „Wir"-Gefühl fördern und den Effekt hervorrufen: Da will ich dabei sein.

Schlüssel ist der Nutzen und der Wertbetrag zum Geschäftsergebnis aufseiten aller Beteiligten: Der Hersteller realisiert stabil mehr Umsatz pro teilnehmendem Partnerbetrieb und bekommt z. B. nützliche Informationen und Empfehlungen von Handwerksbetrieben aus der Praxis. Der Handwerker wird bei seiner Tagesarbeit Individuell und persönlich unterstützt. Mithilfe dieser Unterstützung kann er effektiver entscheiden und effizienter arbeiten.

Der Fachgroßhandel profitiert durch wirtschaftlich erfolgreichere Kunden im Handwerk. Es besteht damit also eine Win-win-Situation zum Vorteil aller beteiligten Unternehmen (Abb. 1.7).

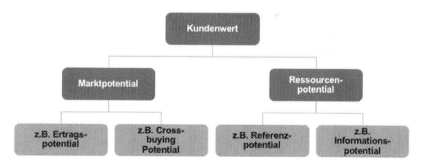

Abb. 1.7 Kundenwertkomponenten. (Quelle: Eigene Darstellung in Anlehnung an Rudolf-Sipötz und Tomczak 2001; Cornelsen 2000)

Kundenmanagementprogramme mit System

Der Erfolgsschlüssel im System ist natürlich die Wirksamkeit der Programme, die darauf abzielen sollen, mit einer qualifizierten Minderheit aus dem gesamten Kundenkreis intensive Geschäftsbeziehungen mit nachhaltiger Verbesserung z. B. des Share-of-Wallet zu realisieren.

Alle Marktbeteiligten werden auch in Zukunft unerwartet von sich ändernden politischen und gesellschaftlichen und vor allem wirtschaftlichen Rahmenbedingungen erreicht. Diese Einflüsse wirken sich auf das Verhalten der Entscheider aller Marktvertriebsstufen aus. Individuelle Motive und Lagebeurteilungen von Geschäftsverantwortlichen ziehen deshalb immer wieder situativ bestimmte Anpassungen von Kundenmanagementbestandteilen nach sich.

Dabei sollte das ausgewählte Programm nach Möglichkeit immer auf eine Win-win-Ergebnisperspektive ausgerichtet sein – systematisch und konsequent.

Schließlich müssen vor der Entscheidung für einen organisierten Start in eine konkret beschriebene und institutionalisierte Partnerschaft mit Firmen anderer Marktvertriebsstufen, Sicherheit und Entschlossenheit im Management vorliegen. In der Folge sollte entsprechende Klarheit hinsichtlich des Umfangs und des Investitionszeitraums bei Budget und Personalressourcen bestehen.

Es stellt sich schließlich die Frage, ob sich jeder Verantwortliche mit der Entscheidung für ein Partnerprogramm identifizieren kann. Das heißt „konsequent".

Die Konzeptionen sind in der Umsetzung langfristig und zeitgemäß, wenn sie den Partnern im Fachvertrieb klare Vorteile liefern können und zwar insbesondere bei der Performance im Tagesgeschäft. Gleichzeitig ist es das vordringliche Ziel, den organisierenden Markenfirmen/Herstellern rechenbare, positive Entwicklungen im Geschäft mit indirekten Kunden und zusätzliche Wertschöpfung zu ermöglichen.

Ein maßgeschneidertes Programm wird heute und in Zukunft Grundvoraussetzung dafür sein, seine wichtigsten Kunden mit der Kraft einzigartiger

M. Pankow, *Kundenbindungsprogramme für Industrieunternehmen mit indirekten Kunden,* essentials, https://doi.org/10.1007/978-3-658-39790-6_2

Differenzierung im Kundenmanagement noch konkurrenzfähiger zu machen und bei wesentlichen Wertschöpfungsprozessen zu unterstützen. Viele erfolgreiche Unternehmen haben heute zwar ein Bündel an vertriebs- und marketingserviceorientierten Aktivitäten zur Kundenbindung angestoßen und erzielen in der Umsetzung auch Erfolge. Mit einer professionellen Orchestrierung unter einem konzeptionellen Dach wäre der messbare Erfolg allerdings größer, weil u. a. gemeinsame Erlebnisse und damit persönliche Nähe und geschäftliche Verbindlichkeit hinzukommen.

Die Identifikation der Partner und der Markenunternehmung mit einer individuell gestalteten Programminitiative fällt dadurch leicht und ein „Wir-Gefühl" beschleunigt den beabsichtigten Prozess der Gemeinschafts- und Vertrauensbildung.

2.1 Was alle erfolgreichen Kundenmanagementprogramme auszeichnet

Was im zielgruppengerechten Kundenmanagement mit Unterstützung eines sog. Partnerprogrammes immer systematisch vorgesehen werden sollte, ist nachfolgend zusammengestellt (s. auch Abb. 2.1).

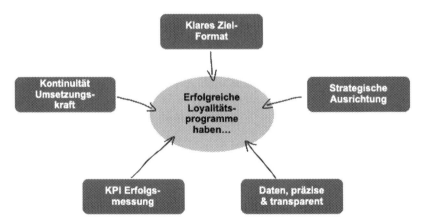

Abb. 2.1 Gemeinsamkeiten erfolgreicher Loyalitätsprogramme. (Quelle: Eigene Darstellung)

Klares Ziel-Format

Vom Verein oder Club bis zu einer Elite- oder Förderpartnerstruktur ist alles denkbar. Entscheidend ist die Strategie und das beabsichtigte Ziel des Programms und die damit einhergehende Festlegung der Leistungs- und Gegenleistungskomponenten, aufbauend auf einer soliden Basis einwandfreier, anerkannter Unternehmensleistung. Ohne diese Grundlage ist ein noch so attraktives Investment in ein Partnerprogramm reine Geldverschwendung. Außerdem ist es insgesamt nicht glaubwürdig.

Strategische Ausrichtung

Welches strategische Ziel steht im Fokus und macht das Programm unverwechselbar? Dient das Programm der Qualifizierung des Handwerkers als dem indirekten Kunden des Herstellers, oder hat es Werbung für Kunden des Handwerks zum Gegenstand? Das übergeordnete Ziel ist immer der Pull-Effekt, dessen Wirkung zusätzliche Nachfrage für den Hersteller auslösen soll. Wichtig ist daher eine strategiekonforme, organisatorische und markenkommunikative Plattform (z. B. ein Clubformat) auf dessen Basis zweck- und zielgruppengerichtet kommuniziert werden kann.

Daten: präzise und transparent

Auf Basis einer konkreten Datenanalyse ermittelt der Hersteller den Grad der aktuellen Markenloyalität. Es gibt unterschiedliche Messgrößen oder KPIs. Eine Beurteilung durch den empfehlenden und betreuenden Außendienst ist empfehlenswert. Siehe hierzu auch den Vorschlag für ein entwickeltes Scoring-Modell in Abschn. 1.4.

Qualitative und quantitative Erfolgsmessung

Messbare Geschäftsentwicklungen im Zeitablauf – qualitativ wie z. B. Qualifizierungsstand der Kundenbetriebe oder quantitativ wie die Umsatzanteilsentwicklung – bestimmen den messbaren Erfolg der Maßnahmen.

Kontinuierliche Umsetzungskraft

Das Programm sollte jedes Jahr inhaltlich neue und wirksame Gestaltungskomponenten aufweisen. Zufriedenheitsmessungen im Partnerkreis oder Stammtische der teilnehmenden Handwerksbetriebe mit einem Thema wie z. B. „Verbesserung der Programminhalte" führen dabei zu wichtigen Erkenntnissen.

2.2   Wie individuelle Maßnahmen
in Partnerprogrammen aussehen können

Es sind neben den branchenspezifischen Merkmalen vor allem Unterscheidungen bei der strategischen Ausrichtung und den damit verbundenen Zielrichtungen der Maßnahmen, die individuelle Herangehensweisen nötig machen.

Einige konzeptionelle Schwerpunkte sind bei marktbekannten Programmen erkennbar. Dabei werden zum Teil sog. Punkte, die leistungsbezogen erworben wurden – als Loyalitätswährung – eingelöst:

- Produkttraining mit Qualifikation und Zertifikat.
- Events vor Ort zum fachlichen Gedankenaustausch mehrfach im Jahr.
- Kontinuierliche Marketingberatung mit Know-how von externen Experten.
- Dienstleistungen wie Objektplanungen und architektonische Unterstützung.
- Werbegemeinschaftliche Zusammenarbeit.
- Prämienkonzepte mit sachlichen oder praktischen Belohnungen.
- Managementberatung als Dienstleistung für Unternehmer.
- Designprogramme mit persönlichem Training und Trendanalysen.

Auch andere Unterstützungsmaßnahmen sind möglich. Sie basieren immer auf der firmenindividuellen Positionierung der Marke und dem Kundenbindungsverständnis des Unternehmens.

Zur Positionierung eines Loyalitätsprogramms empfiehlt sich ein Blick auf die Abb. 2.2, die die wesentlichen Ziele eines Partnerprogramms aufzeigt. Alle bekannten B2B-Kundenmanagementprogramme lassen sich sowohl in einem Spannungsfeld von „emotional" und „rational" als auch von „Vertriebs"- und „Marketing"-Orientierung einordnen.

Unter „emotional" versteht man die personenbezogene Ausrichtung auf gemeinsames Erleben und Netzwerken zum besseren Verständnis und die Verbundenheit der Akteure untereinander. Ein hoher „Erlebniswert" ist das Ziel mit gemeinsamen Erinnerungen.

Unter „rational" sind ausschließlich messbare Fakten (KPI) als Ausdruck der Qualität der geschäftlichen Verbindung gemeint. Messbare Leistung durch Umsatz oder Absatz ist bestimmend.

Im Marketing geht es um Produkt und Technik. Dabei um Verbesserung des Angebotes und des Leistungsportfolios hinsichtlich der Erfüllung der Kundenwünsche, die beispielsweise durch Umfragen oder Workshops ermittelt werden können. Hinzu kommen gemeinsame Kommunikation und Präsentationen am POS eines Partners.

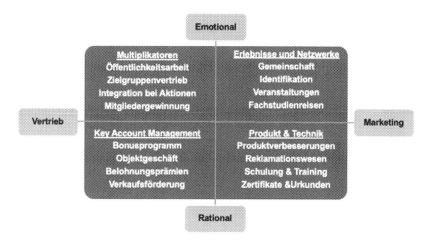

Abb. 2.2 Positionierung des Loyalitätsprogramms. (Quelle: Eigene Darstellung)

Im Vertrieb steht die Verbesserung der Verkaufserfolge im Mittelpunkt, d. h. die Gestaltung und der Einsatz von geeigneten Vertriebsinstrumenten für die verbesserte Ausschöpfung des Potenzials am Markt und die effizientere Marktbearbeitung gemeinsam mit indirekten Kunden zur Mobilisierung des Pull-Effektes.

Sicher ist kein Loyalitätsprogramm so präzise polarisiert und zu 100 % in eine Richtung gestaltet. Die Ausrichtung weist immer einen erkennbaren Schwerpunkt aus und verbindet so den definierten, strategischen Auftrag des Loyalitätsprogrammes mit der Marke und seiner Identität.

Beim Blick auf die zwei im weiteren Verlauf dieser Ausarbeitung dargestellten Fallbeispiele lassen sich folgende Positionierungen ausmachen:

• BMI Partnerprogramm: Das Programm lässt sich im Vertrieb/Emotional-Quadranten verorten.

• GIRA Aktivpartner Programm: Dieses Loyalitätsprogramm positioniert sich eher im Marketing/Emotional-Feld.

Bekannte Programme der Firmen Grohe oder Vaillant sind eher im Feld Rational/Vertrieb angesiedelt, während zum Beispiel das Programm des Unternehmens EGGER tendenziell der Rational/Marketing-Sektion zuzuordnen ist.

Jedes Programm verfolgt firmenspezifische Strategien zur Erreichung der Ziele in der jeweiligen Branche und Region. Analysen zur Positionierung des programmgestaltenden Markenunternehmens geben i. d. R. den machbaren Rahmen vor. Der Mix macht's, wie es so schön heißt.

2.3   Welche markanten Änderungen es in den nächsten Jahren geben wird

Die Herstellerstrategie zum Kundenmanagement und das Geschäftsumfeld der Zielgruppen prägen die Gestaltung der Loyalitätsprogramme auch in Zukunft. Dieser kontinuierliche Prozess hat generelle Treiber, die die Entwicklung bestimmen:

Digitalisierung
Nur ein gut aufgestelltes CRM-Konzept liefert die Daten für ein effektives Programm und leistungsgerechte Instrumente für committete Stammkunden sowie entsprechende Würdigung im Kundenmanagement. Der Einsatz digitaler Instrumente im Tagesgeschäft liefert ein transparentes Bild, beispielsweise des Share-of-Wallet, und ermöglicht so ein weitestgehend faires Beurteilungsverfahren. Das ist bei der Auswahl der Partner und ihrer Klassifizierung bedeutsam.

Wirkungskontrolle
Der wirtschaftliche Erfolg des Investments in Kundenloyalität rückt immer mehr in den Mittelpunkt. Eine gute Bewertung sichert ein Programm deshalb im Wettkampf um die finanziellen Budgets ab. Der Mehrwert für die am Programm teilnehmenden indirekten Geschäftskunden muss auf Sicht auch ein Zugewinn des Herstellers ermöglichen. Deshalb wird es auch zukünftig mehr als geboten sein, qualitative und quantitative Methoden zur Ergebnisbeurteilung heran zu ziehen.

Polarisierung
Die Anforderungen an ein Loyalitätsprogramm werden in Zukunft voraussichtlich immer weiter individualisiert und folgen den Bedürfnissen und Notwendigkeiten unterschiedlicher Betriebsgrößen und Spezialisierungsgrade der teilnehmenden Betriebe. Kleine und große Firmen haben unterschiedliche Interessen und damit verschiedene Leistungs- und Gegenleistungsbereiche, deren Balance ausschlaggebend für die Loyalität der Unternehmer ist. Das bedeutet für den Programmgestalter der Industrie die Herausforderung, einen breiten Leistungskatalog zu erarbeiten, der laufend auf Aktualität und Relevanz geprüft werden muss.

2.4 Zukünftige Herausforderungen

Mit zukünftigen Herausforderungen sind hier die richtungsweisenden Managemententscheidungen gemeint, die den Einsatz eines Loyalitätsprogramms ermöglichen und die Kräfte freisetzen, die schließlich damit zu mehr Geschäft führen können.

Wie bereits an anderer Stelle erwähnt, ist ein Schlüssel zum Erfolg die Identifikation des Außendienstes mit dem Loyalitätsprogramm. Eine in diesem Zusammenhang verstärkende Maßnahme wäre der Einsatz von Außendienstmitarbeitern mit Marketingkenntnissen, die ausschließlich die Umsetzung der Programmkomponenten zur Aufgabe haben und für den Top-Partner aus dem Handwerk die geschulten Spezialisten sind. Zu den Aufgaben gehört sowohl die Umsetzung von Verkaufsförderungsmaßnahmen, wie zum Beispiel Hausmessen, als auch das Training der Partner-Mitarbeiter und Empfehlungen/Beratungen zum Vertrieb. Die gemeinsame Erarbeitung von Websites, Pressetexten und Verkaufsdokumenten gehört z. B. auch dazu.

Eine zusätzliche, weitere Herausforderung ist das Anreiz- und Belohnungssystems für die Partner. Hier liegt das Geheimnis in der Individualität und Anpassungsfähigkeit der Konzepte auf die Bedürfnisse der Zielgruppe. Große Betriebe ab 50 Mitarbeiter erwarten andere Belohnungsstrukturen als 4–7-Personen-Betriebe. Hinzu kommt die Beantwortung der Frage, wie mit den Belohnungen verfahren wird. Einige Betriebe geben materielle Dinge an die Belegschaft und nutzen andererseits unternehmensbezogene Beratungsleistungen persönlich.

Durch steuerliche Vorschriften ist die Auswahl von Anreizen und Belohnungen im Einzelnen zu prüfen.

Schließlich ist es denkbar, auf die Berechtigung von Zukaufleistungen zu setzen. Der Preis für Beratungsleistungen, Sachleistungen oder Teilnahmeberechtigung an Veranstaltungen kann als Regulativ für die Nachfrage gelten und steuernd wirken.

Die zukünftigen Herausforderungen drehen sich also um:

- Zulässigkeit und Attraktivität der Belohnung.
- Bereitstellung von persönlichem Marketingservice.
- Einsatz von digitalen CRM-Maßnahmen.
- Zukauf von ausgewählten, betriebsunterstützenden Leistungen.
- Wirksame Verkaufsförderung ohne große Streuverluste.

2.5 Marktstrukturmerkmale im Bauzuliefererbereich, die ein Partnerprogramm unverzichtbar machen

Die in dieser Betrachtung zugrunde gelegte Marktstruktur hat einen traditionellen bzw. klassischen Aufbau und ist weit verbreitet: Der Vertriebsweg vom Hersteller bis zum Handwerk ist mehrstufig:

- Markenhersteller beliefern Großhändler,
- Großhändler beliefern Einzelhändler oder Fachhandwerker,
- Fachhandwerker oder Einzelhändler beliefern Endverwender.

Die vorliegende Ausarbeitung nimmt sich dieser Marktstruktur an und reflektiert das Zusammenspiel der jeweiligen Teilnehmer. Im Prinzip lassen sich die Prozesse und verhaltensbestimmenden Umstände auf fast alle Branchen übertragen, wie nachfolgende Beispiele exemplarisch zeigen.

Diese Struktur wird von Onlinehändlern oder DIY-Händlern flankiert. Die Verteilung Fachhändler/Onlinehändler würde man heute im Durchschnitt mit 80/20 einordnen, wobei das Sortiment oder die Warengruppe den Anteil definiert.

Es kommt in diesem Buch nicht darauf an, wie die Anteile der Distribution bei Sanitär- oder Heizungsprodukten beispielsweise verteilt sind, oder wie groß der Anteil bei Elektro oder Bedachungen ausfällt. Gemeinsam haben alle Marktstrukturen eine ausgeprägte Pull-Push-Power-Struktur, die von Marketing- und Vertriebskräften mobilisiert wird.

Die Push-Marketing- und die damit verbundenen Vertriebsaktivitäten haben eine klare Stoßrichtung: Der Markenhersteller wirbt beim Fachgroßhandel für den bevorzugten Weiterverkauf seines Produktes. Eine vertragliche Vereinbarung bestimmt die Zusammenarbeit finanziell und vertrieblich. Der Fachgroßhandel versucht den Fachhandwerker oder Einzelhändler unter Berücksichtigung seiner Interessen und Prioritäten von den gelisteten Produkten einer Herstellermarke zu überzeugen. Am Ende dieser Vertriebsstruktur steht der umworbene Endverwender, der vom Handwerksunternehmen betreut wird. Die gesamte Kommunikation schließt Online- und Offline-Maßnahmen der Markenhersteller und die regionale Leistungsfähigkeit von Fachhandel und Fachhandwerk ein.

Die Rolle des Großhandels ist zentral, da er immer mit Differenzierungsabsicht oder Margeninteresse verschiedene eingeübte und stillschweigend praktizierte Interessen umsetzt: Er selektiert das Herstellerangebot, legt die Preisstruktur fest und steuert die Intensität der Vermarktung an die Einzelhändler oder Fachhandwerker im Kontext seiner eigenen Positionierung, z. B. Größe oder geographische Verbreitung.

Der Hersteller muss sich auf den Verkaufsdruck von Fachhandel und Handwerk gegenüber dem Endverwender verlassen. Die „Einmischung" des Herstellers erfolgt grob formuliert auf zwei Wegen: Über die Markentechnik kommunikativ und die Beratungsfunktion in technischer Hinsicht.

Der Hersteller pusht seine Produkte und seine Dienstleistungen in Richtung Großhandel auf Basis einer vertraglichen Vereinbarung.

Pull-Marketing ist dem Push-Marketing eigentlich entgegengesetzt, zumindest begrifflich, hat aber das gleiche Ziel: die Überzeugung des Endverwenders zum Kauf. Das erfolgt mit Marketingmaßnahmen unterschiedlicher Art, zu denen die orchestrierte Maßnahmenarchitektur eines Partnerprogrammes gehört. Hier setzen Markenloyalitätsprogramme an. Der Hersteller wirbt um das Vertrauen z. B. des Handwerkers, um sein Geschäft zu stabilisieren.

In den nachfolgenden Beispielen aus der Praxis liegt das Pull-Push-Marketing-Prinzip vor.

Warum ist also für die traditionelle Vertriebsstruktur ein Partnerprogramm unverzichtbar?

Drei Argumente sprechen dafür:

1. Nur ein Partnerprogramm mit langfristiger Orientierung führt zu echten, kontinuierlichen und nachhaltig wirksamen Beziehungen. Kurzfristig angelegte Kundenbindungsinstrumente wie Gewinnspiele und Treueprämien führen langfristig nicht zum Ziel, weil sie ersetzbar sind.
2. Geschäfte sind Transaktionen, die immer zwischen Menschen vollzogen werden. Persönliche Beziehungen und die damit verbundenen Werte zu Anstand und Verlässlichkeit, bilden die Basis für tragfähige Verbundenheit. Insbesondere B2B-Geschäftsverhältnisse, in denen Kunden vor die Wahl gestellt sind, eine Marke zu empfehlen, erwarten als Lieferantenleistung mehr als nur das Produkt. Die Gesamtleistung des Herstellers mit Blick auf den Erfolg des Handwerksbetriebs in seiner Geschäftswelt zählt als Wertbeitrag.
3. Das Empfehlungsverhalten eines nicht unmittelbar vertraglich gebundenen „indirekten" Stammkunden wird durch Partnerprogramme beeinflusst. Gut gemacht erbringt es loyale Kunden, die aktiv und freiwillig mehr Geschäft ermöglichen.

Bei mehrstufigen Vertriebssystemen stößt das Produkt- und Distributionsmarketing an seine Grenzen, wenn keine funktionierenden Beziehungen zur nicht unmittelbar nachgeordneten Vertriebsstufe hergestellt werden konnten. Durch

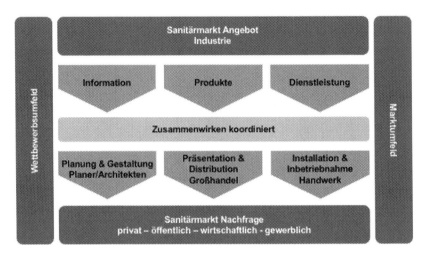

Abb. 2.3 Mehrstufiger Vertrieb. (Quelle: Eigene Darstellung in Anlehnung an Skirl und Schwalb 1995; Kern und Pankow 2005)

Loyalitätsprogramme können Stammkunden aktiv gepflegt und gefördert werden und man hat die Chance, Businesskunden zu Freunden des Unternehmens oder Fans der Marke zu entwickeln (Abb. 2.3).

Blick in die Praxis: Beispiele und Einordnungen von Partnerprogrammen

3

3.1 Partnerprogramme der Industrie – zwei Beispiele

Nachfolgend sind Beispiele von Loyalitätsprogrammen in der Praxis zweier Markenhersteller, die in Deutschland im klassischen Vertrieb tätig sind, sowie deren Erfolgsfaktoren anschaulich dargestellt. Darüber hinaus werden Richtungen zukünftiger Trends anhand dreier Fragen aufgezeigt. Beschrieben werden folgende Punkte (Abb. 3.1):

Strukturen des Loyalitätsprogramms

- Marktstruktur
- Kundenart
- Programm-Mechanik
- Organisationsform (Beiräte)
- Anzahl und Kennzeichnung eines typischen Betriebs

Loyalitätsbeeinflussende Merkmale

- Wertschätzung
- Privilegien
- Angebote/Honorierung
- Verkaufsförderung – individualisiert
- Betreuung

© Der/die Autor(en), exklusiv lizenziert an Springer Fachmedien Wiesbaden 25
GmbH, ein Teil von Springer Nature 2023
M. Pankow, *Kundenbindungsprogramme für Industrieunternehmen
mit indirekten Kunden*, essentials, https://doi.org/10.1007/978-3-658-39790-6_3

Abb. 3.1 Strukturen des
Loyalitätsprogramms ist
eine Überschrift

 **SystemPartner**

Strategische Differenzierung

- Qualifizierung und Produkttraining
- Belohnung materiell und immateriell
- Netzwerken und Veranstaltungen
- Leadmanagement und Kundenberatungsunterstützung
- Zertifizierung/Ausbildung

Zukünftige Entwicklung – drei Kernfragen

1. Werden Loyalitätsprogramme zukünftig wichtiger, da die Markentreue von Unternehmern insgesamt an Bedeutung verliert?
2. Setzt sich das reine Prämien- und Belohnungsmodell gegenüber dem Leistungs-/Gegenleistungsansatz mit Loyalitätswährung durch?
3. Wie sieht die zukünftige Entwicklung aller Voraussicht nach aus?

3.1.1 BMI SystemPartner, Gastbeitrag von Oliver Zimmer, Leiter BMI SystemPartner Serviceorganisation, Wuppertal

Kurzdarstellung Unternehmen
Die BMI Group ist nach dem Zusammenschluss aus Braas Monier und Icopal 2017 der größte Hersteller von Flachdach- und Steildachsystemen sowie Abdichtungslösungen in ganz Europa. Unsere Geschichte reicht bis in das Jahr 1851 zurück. In Deutschland vereint die BMI Group die etablierten Marken Braas, Icopal, Vedag und Wolfin. Das BMI-SystemPartner-Programm ist seit 16 Jahren erfolgreich.

Im Dachhandwerk gilt seit jeher der dreistufige Vertriebsweg. Der Handwerker bestellt und fakturiert also seine Waren über den Großhandel. Diese Struktur birgt für den Hersteller einige Herausforderungen, denn es besteht zum eigentlichen Absatzmittler, dem Dachdecker oder Zimmerer, keine direkte Geschäftsbeziehung. Ein Spagat, den der Vertrieb täglich meistern muss. Zum einen muss der Großhandel als Vertragspartner eng an das Unternehmen gebunden werden, um eine flächendeckende Verfügbarkeit und reibungslose Lieferung der Produkte zu gewährleisten und zum anderen muss der Handwerker immer davon überzeugt sein, den richtigen Hersteller gewählt zu haben.

Diese Überzeugung wird von vielen Faktoren beeinflusst. Die wichtigsten sind sicherlich Preise und Konditionen, Qualität der Produkte, Markenimage, persönliche Beziehungen und Services (zum Beispiel technische Anwendungsberatung) die einen echten Mehrwert für den Handwerksbetrieb bieten.

Zu unseren Services zählt ein Kundenclub, der aber nur sinnvoll sein kann, wenn er auch einen echten Mehrwert für das Mitgliedsunternehmen generiert. Die Frage, was der Mehrwert für die Mitglieder ist, steht seit der Gründung 2006 als BRAAS SystemPartner immer im Fokus seitens der Partner, wenn sie ihre Clubleistungen auswählen.

Erfolgreich ist ein Kundenclub nur dann, wenn die Ausgewogenheit zwischen Geben und Nehmen als Club-Prinzip von beiden Seiten akzeptiert ist. Für eine reine Rückvergütung in Form von Prämien braucht es keinen Club. Entscheidend ist auch, dass der Initiator marktführend ist.

Wenn Hersteller diese marktführende Stellung nicht haben oder es bereits einen etablierten Club bei einem Marktbegleiter gibt, so muss man sich die Akzeptanz beim Handwerker teuer erkaufen, die dann zumeist nicht von Dauer ist.

Die Mitglieder des Programms

Rund 1800 Betriebe sind aktuell Mitglied bei den BMI SystemPartnern. Die Gruppe der Mitglieder ist dabei sehr heterogen. Die Größen der Unternehmen variieren von 3–5 Mitarbeitern bis hin zu Betrieben mit über 100 Mitarbeitern. Der Großteil der Mitgliedsbetriebe hat zwischen 10 und 20 Mitarbeiter. Dies erfordert auch ein sehr breit gefächertes Spektrum an Leistungen, um den unterschiedlichen Erwartungen gerecht zu werden. Natürlich hat ein kleiner regionaler Betrieb ganz andere Bedürfnisse als ein national tätiges mittelständisches Unternehmen.

Mitglied kann jedes Dachhandwerksunternehmen in Deutschland werden. Voraussetzungen sind, dass die handwerkliche Leitung einem Meister unterliegt und die Zahlung eines jährlichen Mitgliedsbeitrags von € 250,-. Die Akquisition von neuen Mitgliedern erfolgt fast ausschließlich über den Vertrieb.

Das Punktesystem

Die Grundlage der Bepunktung sind Rechnungen des Großhandels mit BMI-Produkten. Die Rechnungen reichen die Mitglieder per Post, Fax oder E-Mail an die Club-Zentrale ein. Die Rechnungsposten mit BMI-Produkten werden erfasst, in Punkte umgerechnet, gespeichert und auf das Club-Konto gutgeschrieben. Die Einreichung von Händlerrechnungen ist nur in dem Jahr möglich, in dem die Rechnungen erstellt wurden, spätestens bis zum 31.01. des Folgejahres.

Die Punkte werden für je € 10,- Umsatz, gestaffelt nach Wertigkeit der Produkte, vergeben. Durch die Verwendung der BMI-Marken-Logos oder dem SystemPartner-Logo bei eigenen Werbeartikeln wie zum Beispiel auf Gerüstplanen, können zusätzlich Punkte gesammelt werden.

Ab einer bestimmten Umsatzgrenze werden die Handwerksunternehmen im Club BMI System-Partner Gold oder Platin-Mitglied. Der Wechsel in ein höheres Level ist für die Mitglieder nicht nur wegen der erweiterten Leistungen interessant, sondern auch für ihr persönliches Streben nach Status und Wertschätzung.

Die Leistungen

Die Club-Leistungen sind in erster Linie darauf ausgerichtet, den Geschäftserfolg der Mitglieder zu steigern. Um allen Mitgliedern gerecht zu werden, gibt es bei einigen Leistungen neben den Punkten auch eine Zuzahlung in Euro. So kann jedes Mitglied auf alle Leistungen zugreifen, unabhängig von den Punkten, die es mit seiner Betriebsgröße erwirtschaften kann. Das Verhältnis von Punkten und Zuzahlung kann variabel vereinbart werden.

Unter folgenden Kategorien sind für jeden Betrieb immer wieder Leistungen zu finden, die der Unternehmensgröße und aktuellen Geschäftssituation entsprechen.

Geschäftsausstattung

- Firmengelände, Fahrzeuge und Baustelle
- Mitarbeiter finden und binden
- Werbung
- Kundenberatung und Präsentation
- Werbegeschenke mit Mitglieder-Logo
- Werbegeschenke und Kleidung mit BMI-Markenlogo
- Basis- und Extraleistungen
- Events
- Bevorzugte Bearbeitung von BMI-Services

Ein Großteil der Leistungen wird dabei individuell für das Mitglied gestaltet. Es bekommt also zum Beispiel keine BMI-Gerüstplane mit seinem Logo, sondern es ist immer die Gerüstplane seines Unternehmens mit einem kleinen BMI-Logo.

So werden unsere Mitglieder auch zu Markenbotschaftern für BMI. In 2020 wurden so über 625.000 Werbematerialien mit einem BMI-Logo in Umlauf gebracht.

„Was darf's denn sein?" fragen wir bei unseren Gold- und Platinmitgliedern. Hier zeigen wir unsere Leistungsfähigkeit nicht nur bei den feststehenden Leistungen aus dem Programm, sondern lassen uns auch individuell auf die Wünsche unserer Mitglieder ein. Dabei ist die Club-Zentrale Reisebüro, Ticket-Service, Geschenke-Beratung, Werbeagentur und vieles andere mehr. Denn egal, welchen Wunsch oder welches Problem das Mitglied hat: Wir werden unser Möglichstes tun, um schnell zu helfen.

Die zusätzlichen Kosten stellt die Club-Zentrale dem Mitglied, je nach Aufwand, in Rechnung.

Siehe Abb. 3.2.

Events

Was wäre ein Club ohne gemeinsame Erlebnisse? Ein wichtiger Erfolgsfaktor der BMI SystemPartner ist die hohe emotionale Beziehung zwischen Mitgliedern und Club-Zentrale. Gemeinsame Erlebnisse mit viel Freiraum für Networking zwischen den Mitgliedern und den Mitarbeitern der Club-Zentrale sind eine feste Säule des Programms. Hierbei kommt es darauf an, Momente zu schaffen, die man für Geld nicht kaufen kann oder man alleine sonst so nicht erleben würde.

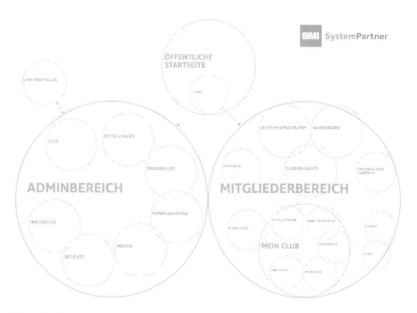

Abb. 3.2 Übersicht Gliederung Startseite, Adminbereich, Mitgliederbereich. (Quelle: www.bmi.de)

Es gibt im Club zwei Arten von Veranstaltungen, die VIP-Events und die Veranstaltungsreihe SystemPartner LIVE! Die VIP-Events halten, was der Namen verspricht. Gegen Punkte können hier hochkarätige Konzerte, zum Beispiel von Ed Sheeran, oder Sportevents, zum Beispiel das DFB Pokal-Finale, gebucht werden. Der Rahmen dieser Veranstaltungen ist immer bis ins Detail für die Mitglieder geplant und entspricht einem VIP-Status. SystemPartner LIVE! findet regional bis zu 30-mal im Jahr an besonderen Locations statt.

Die Teilnahme ist völlig kostenlos und beinhaltet einen kurzen unterhaltsamen Informationsteil zum Thema Club und ein außergewöhnliches Rahmenprogramm wie zum Beispiel eine „Dachtour" auf dem Kölner Dom oder die Besichtigung der Meyer Werft.

Besonders bei den Mitgliedern geschätzt ist die SystemPartner-VIP-Lounge auf den Leitmessen Dach + Holz und BAU. Bis zu 4000 Gäste werden hier in einer exklusiven Hütte empfangen und mit Spezialitäten bewirtet. Ganz nach dem Motto: „Members only".

Insgesamt kann man sagen, dass eine gelebte Clubgemeinschaft wesentlich zum Erfolg beiträgt. Ein partnerschaftliches Miteinander zwischen den Mitgliedern untereinander und der Club-Zentrale ist wesentlich für eine vertrauensvolle und langfristige Zusammenarbeit.

Die Club-Zentrale

Persönlich, verbindlich, wertschätzend – die Club-Zentrale ist für die Mitglieder wie Ihre eigene Werbe-/Serviceagentur. In der Club-Zentrale kümmern sich erfahrene Mitarbeiter um alles, was die Mitglieder brauchen. Hier sitzen Mitarbeiter für die Mitgliederbetreuung, die Kommunikation, im Backoffice sowie im hauseigenen Grafikatelier. Die Mitarbeiter sind per E-Mail, Telefon, Fax oder WhatsApp erreichbar. Die Reaktions- und Bearbeitungszeiten sind extrem kurz.

Die Club-Zentrale ist bei BMI eine eigenständige Abteilung. Wichtig ist, wenn man die Organisation inhouse betreibt, dass von den Mitarbeitern keine weiteren Aufgaben innerhalb des Unternehmens geleistet werden müssen. Das würde zwangsläufig dazu führen, dass man den Fokus auf die Mitglieder verliert. Mitglieder brauchen feste Ansprechpartner zu denen sie Vertrauen und Beziehungen aufbauen können. Dies gilt auch dann, wenn man eine Agentur mit der Abwicklung beauftragt. Eine unpersönliche Betreuung wie zum Beispiel durch ein Call Center wäre der Killer für jede emotionale Bindung.

Wirklich erfolgreich?

Wie misst man den Erfolg eines Kundenclubs? Diese ist sicherlich die am meisten gestellte Frage. Wenn man als erstes Ziel die Kundenbindung und Loyalität setzt, kann man diese sehr leicht mit weichen Faktoren messen. Ist Max Muster noch mein Kunde, kauft er noch bei uns, ist er aktiv im Club? Das lässt sich rasch beantworten. Aber: Ist er es wert (und das im wahrsten Sinne des Wortes), dass wir so viel in ihn investieren? Ein Kundenclub muss nicht nur erfolgreich sein, sondern auch profitabel!

Hierzu kann man anhand der eingereichten Umsätze sehr detaillierte Kennzahlen ermitteln und den hohen Einsatz, der für einen Kundenclub zu erbringen ist, rechtfertigen. So kann man nicht nur die Umsatzzahlen der letzten Jahre direkt vergleichen, sondern zudem viel weiter ins Detail gehen. Wie viel Umsatz macht ein Mitglied im Vergleich zu einem Nichtmitglied? Das Entscheidende ist: Wie ist sein Wachstum im Vergleich zum Wachstum des Unternehmens? Wenn das Unternehmen ein angenommenes Wachstum von 5 % hat, und sich das Wachstum der Mitglieder um 10 % entwickelt hat, muss man kein Hellseher sein, um zu erkennen, wie profitabel der Club ist.

Hieraus lässt sich auch ableiten, wer denn die „richtigen" Mitglieder sind. Nicht unbedingt die größten, oder die, die schon längst alles mit dem Unternehmen machen und deren Loyalität sicher ist.

Die Herausforderung ist es, die Verarbeiter in den Club zu holen, die ein hohes Potenzial für Wachstum haben. Aus diesen Gründen ist bei BMI der Kundenclub nicht nur ein Kundenbindungsprogramm, sondern in erster Linie ein Kundenentwicklungsprogramm. Deshalb, selbst wenn er im Marketing angesiedelt ist, ist ein Kundenclub immer als starkes Vertriebsinstrument zu sehen.

Zur zukünftigen Entwicklung

In Zukunft werden sich nur die Programme durchsetzen, die für Mitglieder einen echten Mehrwert haben und sich an den Bedürfnissen der Mitglieder ausrichten. Ein einfaches Prämiensystem schafft keine emotionale Bindung und ist beliebig austauschbar. Es ist dann nur ein Rabatt in Form einer Kaffeemaschine. Nur wenn man seinen Kunden zuhört und Lösungen für die echten Probleme des Betriebes bietet, hält sich das Verhältnis von Geben und Nehmen die Waage. Ein Kundenclub muss seinen Mitgliedern keine Prämien, sondern wahre Partnerschaft anbieten.

3.1.2   Gira Aktiv Partner, Gastbeitrag von Nils Klotz, Marketing- und Kundenbindungsmanager, Gira, Radevormwald

Kurzdarstellung Unternehmen

Das Unternehmen Gira Giersiepen GmbH & Co. KG mit Sitz in Radevormwald ist ein Hersteller von Elektroinstallationstechnik. Es stellt Schalter und Steckdosen her und produziert zudem Smart-Home-Technologie, Türsprechanlagen, Sicherheitsprodukte, Licht-, Jalousie- und Heizungssteuerung. Gira vertreibt seit über 115 Jahre die Produkte über Handwerksbetriebe an den Endkunden. Gira hat über 1200 Mitarbeiter und die Produkte sind Made in Germany. Neben den Fokusmärkten Deutschland, Österreich und den Niederlanden hat Gira etwa 40 Niederlassungen weltweit.

Gira Aktiv Partner Club

Das innovative Unternehmen ist nicht nur ein vorausdenkender Hersteller, sondern mit Hilfe des Kundenbindungsprogramms Gira Aktiv Partner schafft der Hersteller sich die Möglichkeit, das Fachhandwerk zu unterstützen und den Partnern zuzuhören. Rund 1200 Handwerksbetriebe aus Deutschland, Österreich und Italien sind Mitglieder des Gira Aktiv Partner Clubs, welcher seit 1997 besteht. Mitglied in diesem Kundenbindungsprogramm können Handwerksbetriebe werden, die vom regionalen Außendienst empfohlen wurden. Hierbei spielt die gelebte aktive Partnerschaft eine wichtige Rolle. Um eine aktive Mitgliedschaft zu gewährleisten, erhebt Gira eine Jahresgebühr in Höhe von 175 €. Die Partnerschaft ist nicht umsatzabhängig und ein gewisser Absatz wird nicht vorausgesetzt. Jedoch kann angenommen werden, dass der Außendienst Elektrofachbetriebe für das Kundenbindungsprogramm empfiehlt, welche Gira als Stammlieferant haben, oder Potenzial darin sehen, Stammkunden zu werden.

Leistungen im Kundenbindungsprogramm

Mit der Mitgliedschaft erhält der Handwerksbetrieb zusätzliche Ansprechpartner für Themen, die aus unternehmerischer Sicht für den Handwerksbetrieb relevant sind. Zusätzlich kann der Handwerksbetrieb über die Homepage des Kundenbindungsprogramms Leistungen abrufen. Diese Leistungen können sowohl rational als auch emotional sein. Gira deckt alle Unternehmensbereiche des Handwerks ab und die Leistungen sind auf die Bedürfnisse des Handwerksbetriebs angepasst. So gibt es spezielle Leistungen nur für die Lehrlinge, die Meister oder den Unternehmer. Rationale Leistungen, wie Briefumschläge oder Fahnen, können über die Homepage bezogen werden. Des Weiteren besteht die Möglichkeit, Experten bei

Problemen im Betrieb anzusprechen, wie zum Beispiel zu den Themen Sachverstand oder Recht. Die emotionalen Leistungen, wie Workshops oder Events, haben einen hohen Stellenwert für den Hersteller, da hier ein intensiver Austausch zwischen den Handwerksbetrieben und dem Hersteller geführt wird. Diese Leistungen sind sowohl auf die Unternehmer als auch auf die Meister und Lehrlinge zugeschnitten.

Die Leistungen werden jedes Jahr angepasst, sodass das Leistungsprogramm auf die aktuellen Marktbedingungen der Handwerksbetriebe ausgerichtet ist. Hierbei unterstützt der Beirat vom Kundenbindungsprogramm den Hersteller dabei, passende Leistungen zu entwerfen. Der Beirat besteht aus Handwerksbetrieben, welche Mitglieder im Gira Aktiv Partner Programm sind und somit die Marktbedingungen bestens kennen.

Club-Jahreskonferenz

Ein Highlight des Leistungsangebots des Gira Aktiv Partner Programms ist die Jahreskonferenz, die alle zwei Jahre stattfindet. Hier nehmen die Gira Aktiv Partner an einem mehrtägigen Event teil. Vor Ort werden Vorträge zu Produkten gehalten, Key Notes durchgeführt und Handwerksbetriebe haben Zeit, das Netzwerk für einen intensiven Austausch zu nutzen. Zusätzlich finden Events rund um die Veranstaltung statt, welche keinen Produktbezug haben. Das können zum Beispiel Werksführungen oder Ausflüge sein. Die Abende dieser Events werden genutzt, um die Emotionen der Handwerksbetriebe noch einmal in Richtung des Herstellers zu erweitern, denn es werden aufwendige, langfristig im Voraus geplante Veranstaltungen ausgeführt. Die Mitglieder im Kundenbindungsprogramm fühlen sich durch solche Veranstaltungen und Leistungen emotional an den Hersteller gebunden. Diese emotionale Gebundenheit zeigen die Handwerksbetriebe auch gegenüber anderen Handwerksbetrieben und empfehlen das Kundenbindungsprogramm des Herstellers weiter. Zudem präsentieren die gebundenen Handwerksbetriebe die Produkte in ihren Showrooms und zeigen bei Endkundengesprächen ausschließlich die Produkte vom Hersteller. Mitglieder des Kundenbindungsprogramms erhalten zusätzlich Anfragen von Endkunden, sollte ein Endkunde über die Gira Homepage nach einem Handwerksbetrieb suchen, denn Gira Aktiv Partner werden in der Handwerkersuche mit deren Kunden-Kontaktdaten genannt.

Netzwerk und Community

Ein wichtiger Stellenfaktor der Handwerksbetriebe ist jedoch auch das Netzwerk und die dazugehörige Community. Hier kann sich der Handwerksbetrieb über Produktthemen austauschen, Service-Leistungen von anderen Handwerksbetrieben anfragen und Kundenaufträge an andere Handwerksbetriebe des Kundenbindungsprogramms vermitteln, da hier ein ausgeprägtes Vertrauensverhältnis aufgebaut wurde. Auch wenn zum Beispiel in einzelnen Handwerksunternehmen Mitarbeiter-kapazitäten unzureichend waren, halfen sich die Handwerksbetriebe mit Personal gegenseitig aus. Dasselbe gilt für fehlendes Fachwissen bei sehr komplexen Produkten, bei denen andere Handwerksbetriebe bei der Projektierung unterstützen konnten.

Die Netzwerkveranstaltungen werden ebenfalls von Gira angeboten, sodass den Handwerksbetrieben Produkt- und Branchenthemen präsentiert werden. Hierzu finden regionale Veranstaltungen mit dem Außendienst und den Gira Aktiv Partnern statt. Solche regionalen Veranstaltungen beginnen mit Produktthemen und enden mit einem gemeinsamen Abendessen, bei dem aktives Networking betrieben werden kann.

Die loyalen Handwerksbetriebe geben zusätzliche Informationen an Gira weiter, damit sich der Hersteller weiterentwickeln und seinen Vorteil den Mitbewerbern gegenüber ausbauen kann. Diese Informationen können über Netzwerkveranstaltungen, den Außendienst oder auch den Innendienst eingesteuert werden. Zudem nehmen die Gira Aktiv Partner auch an Workshops teil, bei denen die Produkte des Herstellers verbessert werden oder Produkte auf die aktuellen Marktbedingungen angepasst werden sollen.

Somit lässt sich sagen, dass Gira durch das Aktiv Partner Programm die Kundenloyalität und die Kundenzufriedenheit der Handwerksbetriebe nachhaltig positiv beeinflusst. Die Handwerksbetriebe treten als loyale Partner auf dem Markt auf und unterstützen den Hersteller. Hier ist die gelebte Partnerschaft auf Augenhöhe ein wichtiger Aspekt, zu dem der intensive Austausch der Handwerksbetriebe untereinander und zwischen den Gira-Mitarbeitern beiträgt. Viele Facetten der Theorie sind in dem Kundenbindungsprogramm von Gira auffindbar. Dies unterstreicht, dass Kundenbindungsprogramme nicht nur theoretisch die Kundenzufriedenheit und Kundenloyalität beeinflussen, sondern auch in der Praxis zu loyalen Partnern führen, welche hinter dem Hersteller stehen und überzeugt von den Produkten sind.

Die Zukunft von Kundenbindungsprogrammen
Auch in Zukunft werden Kundenbindungsprogramme eine große Bedeutung im mehrstufigen Vertrieb haben. Es wird, wie in jedem Bereich, Änderungen und Anpassungen geben, da sich das Kundenbindungsprogramm immer an die aktuelle Marktsituation anpassen wird. Besonders die emotionale Bindung des Kunden an den Hersteller, welche durch ein Kundenbindungsprogramm gefördert wird, zeigt auf, dass durch persönliche Beziehungen und das bestehende Netzwerk Beziehungen entstehen und Kontakte geknüpft werden.

Die Leistungen, die im Kundenbindungsprogramm angeboten werden, werden auch künftig unterschiedliche Ausrichtungen verfolgen. So wird es in Zukunft vermehrt zu Kooperationen mit Dienstleistern für Marketingleistungen kommen. Diese Leistungen helfen dem Kunden dabei, sich in Geschäftsfeldern, wie beispielsweise Social Media, besser aufzustellen. Auf der anderen Seite werden weiterhin Leistungen angeboten werden, welche das Netzwerk fördern und ausbauen. Gerade die persönliche Beziehung zum Kunden ist ein essentieller Faktor für den Erfolg von Kundenbindungsprogrammen.

3.2   Perspektive Handwerksbetrieb: Klaus Gerwing, Geschäftsführer von Gerwing.Söhne GmbH, Bonn

Das Ziel des Gesprächs mit Klaus Gerwing zum Thema Partnerprogramme der Hersteller war es herauszufinden, in welcher Form ein Kundenbindungsprogramm von einem größeren Markenlieferanten im dreistufigen Vertriebsweg angeboten wird, und wie die Firma Gerwing.Söhne damit zufrieden ist und sich damit identifizieren kann. Nachfolgend werden die wesentlichen Aussagen zusammengestellt.

Bei dem Unternehmen Gerwing.Söhne GmbH handelt es sich um ein traditionelles Sanitärinstallations- und Heizungsfachhandwerksunternehmen.

Folgende Leistungen im Rahmen der strategischen Themen Energie und Wärme bietet das Unternehmen seinen gewerblichen und privaten Kunden an:

- Planung und Ausführung von komplexen technischen Anlagen der Haustechnik in den Bereichen Gas, Wasser und Energie
- Planung, Wartung und Erneuerung von sanitären Anlagen
- Planung, Wartung und Erneuerung von Heiz-und Lüftungsanlagen
- Planung, Wartung und Erneuerung von Elektroinstallationen und Gebäudesystemtechnik
- Komplettsanierung von Bädern im Bestand
- Kanalprüfungen und Kanalsanierung
- Gebäudetrocknung inkl. Abpumpen und Absaugen
- Lichtplanung und Installation von Beleuchtungsanlagen

Grundsätzlich wird die Förderung der geschäftlichen B2B-Zusammenarbeit auf Initiative eines Herstellers und in Form eines systematisch organisierten Programms für Top-Stammkunden befürwortet und unterstützt.

Folgende Gründe haben das Handwerksunternehmen mit mehr als 70 Mitarbeitern und seit vielen Jahren in zweiter Generation in Familienbesitz zu einem Beitritt in eine herstellergeführte Partnerorganisation geführt:

- Würdigung des Betriebes wegen der erreichten Umsatzgröße
- Wertschätzung durch persönliche und regelmäßige Präsenz der Geschäftsleitung
- Schnelle und pragmatische Problemlösung
- Hotline, technisch und direkter Marketing-Service
- Honorierung der Zusammenarbeit durch verschiedene Leistungen zur Betriebsführung

Diese Leistungen werden u. a. angeboten:

- Privilegien durch Teilnahme an Workshops in ausgewählten Unternehmen
- Seminare zur Betriebsführung für die interne Verwaltung
- Angebot von Zuzahlungsleistungen des Herstellers für Marketingunterstützung
- Produktschulungen mit Zertifizierungen der Mitarbeiter
- Erfahrungsaustauschtreffen 1 × im Quartal beim „Stammtisch"
- Ersatzteilservice – schnell und einfach
- Kurze Kommunikationswege mit der Firma zugeordneten Spezialisten
- Persönliche Vernetzung in der Organisation ist willkommen
- Gemeinsame Fachstudienreisen und Fachtagungen
- Bevorzugter Eintritt zum Messebesuch mit Einzelvorführungen
- Der Mitgliedsbeitrag steht nicht im Verhältnis zur „Extra Herstellerleistung"

Auf die Frage, ob sich das Geschäft durch die Fokussierung auf einen Hersteller in einer Warengruppe verbessert habe, wurde ein klares „Ja" zum Ausdruck gebracht.

Der wichtigste Bestandteil ist aus Sicht des Unternehmers eine persönlich stabile und verlässliche Beziehung von Mensch zu Mensch. Insbesondere die vertrauensvolle, persönliche Integration in Verbesserungsprozesse von Produkten und Dienstleistungen schafft aus Sicht des Handwerksunternehmers Loyalität, die von allen Beteiligten geschätzt wird, da es keine Einbahnstraße ist.

Der organisatorische Rahmen des Loyalitätsprogramms schafft eine Plattform zur Identifikation mit dem Unternehmen und erfordert aus Sicht des Handwerksmanagers keine „Extra Punkte-Belohnung" oder eine andere Form der Loyalitätswährung.

Das Leistungs- und Gegenleistungsversprechen ist anhand der transparenten Dokumentation der Geschäftstätigkeit im Rahmen des strukturierten, regelmäßigen Jahresgesprächs auf Top-Level hinreichend und zuverlässiger Indikator der Zusammenarbeit. Einer Ermittlung eines individuellen Loyalitätsindex stünde nichts im Wege, um die Zusammenarbeit noch weitreichender und präziser zu verfolgen.

Zusammenfassend bewertet der Unternehmer Klaus Gerwing die Teilnahme am Partnerprogramm wie folgt:

1. Eine Wertegemeinschaft ist grundsätzlich förderlich für den Geschäftserfolg. Sie ist sinnvoll, wenn die Teilnehmer nicht direkte Konkurrenten sind.
2. Stammtische und ähnliche Zusammenkünfte helfen dabei, die passenden Netzwerkpartner persönlich kennen zu lernen.
3. Grundsätzlich kann man maximal zwei Gemeinschaften beitreten und diese aktiv fördern. Ehrenamtliche Aufgaben kosten Zeit. Der Beitritt ist ein klares Commitment zur Herstellermarke und Verbundenheit mit dem dortigen Management.
4. Die Distribution von Leistungen und Produktlösungen wird vorerst – wenn auch kontinuierlich digital optimiert – so bleiben. Der Fachgroßhandel im Rahmen organisatorischer Arbeitsteilung ist erforderlich. Nur Hand in Hand ist das komplexe gebäudetechnische Geschäft heute und in Zukunft erfolgreich zu bewerkstelligen.

3.3 Perspektive Fachgroßhandelsunternehmen: Armin Nowak, Geschäftsführender Gesellschafter ELMER Dienstleistungs GmbH & Co. KG, Bottrop

Die Elmer-Gruppe ist ein modernes, mittelständisches Familienunternehmen und ist einer der führenden Fachgroßhändler der Sanitär-Heizung-Klima-Branche (SHK) in Deutschland. Mit über 1600 Mitarbeitern und über 9 Mio. Lagerartikeln führt das Unternehmen ein enges Vertriebsnetz und versorgt das Fachhandwerk seit über 50 Jahren mit Produkten und Dienstleistungen der Bauzuliefererindustrie. 90 Abholmärkte und über 40 Badausstellungen leisten mit 6 Zentrallägern auf 120.000 qm eine nahezu lückenlose Versorgung im Westen Deutschlands. 270 Hersteller mit haustechnischen Marken runden zusammen mit sog. Exklusivmarken das Leistungsportfolio ab.

Das Gespräch zum Thema „Loyalitätsprogramme für indirekte Kunden der Hersteller" wurde mit Armin Nowak geführt, einem der geschäftsführenden Gesellschafter der Unternehmensgruppe.

Folgende Firmenphilosophie bestimmt die Arbeit des Hauses Elmer: „Als Familienunternehmen sind Persönlichkeit, Nähe und insbesondere der menschliche Faktor für uns von höchster Bedeutung. Das zeigt sich in der engen Zusammenarbeit mit unseren Kunden und unserer Mitarbeiterorientierung" (Siehe dazu den aktuellen Firmenleitfaden der Elmer Gruppe).

Nachfolgend werden die Ergebnisse des Gesprächs zusammengefasst und auf die wesentlichen Aspekte konzentriert.

1. Es gibt in der SHK-Welt in Deutschland etwa 7–10 bekannte Organisationen und Initiativen, die wir als Großhändler kennen und in ihren unterschiedlichen Ausführungsformen bei unserer täglichen Arbeit bemerken. Die Positionierung der Partnerprogramme reicht von Prämienclubs mit Belohnung und Anreizen bis zu rein technischen Beratungs- und Trainingsorganisationen zur Kompetenzentwicklung des Fachhandwerkers.

2. Die Akzeptanz derartiger Programme, die auf Handwerksunternehmer gerichtet sind, ist im Fachgroßhandel unterschiedlich. Bestehende, gut eingeführte Programme werden toleriert, neue Aktivitäten werden skeptisch bzw. kritisch gesehen.

3. Der Grund für die kritische Beurteilung liegt unter anderem darin, dass die Programme keine signifikanten Vorteile für den Fachgroßhandel bieten. Der einzige wirklich erkennbare Vorteil besteht darin, dass Handwerker damit motiviert werden, in der traditionellen, dreistufigen Fachschiene (Vertriebsweg) weiter zu arbeiten. Eine Bindung an die etablierten Leistungspartner schützt damit vor „Schnäppchenjagd" außerhalb bei alternativen Anbietern.

4. Durch die bevorzugte Behandlung der Handwerker durch die Hersteller mit Privilegien, besonderer Betreuung und Sonderaktionen erhalten die Hersteller mehr Informationen zu ihren indirekten Kunden als sie sonst erhalten würden. Das geht bis zur Analyse von Nutzungsverhalten der Endverbraucher. Diese Transparenz ermöglicht gezielte Beeinflussung des Entscheidungsverhaltens der Handwerker und nimmt so Einfluss auf die Geschäftspolitik des Fachgroßhandels.

5. Als Nachteil von herstellerbetriebenen Partnerprogrammen wird der Einfluss auf die erzielbare Marge im gesamten Wertschöpfungsprozess gesehen, ausgelöst durch zusätzliche Investitionen in Marketing und Vertriebsaktivitäten.

6. Besonders empfindlich wird auf Sonderaktionen im Fachgroßhandel rea-
    giert, die durch Auslieferung von Prämien und Sachpreisen die Logistik des
    Fachgroßhandels zusätzlich kostenseitig belasten. Der Deckungsbeitrag des
    Fachgroßhandels wird dadurch vermindert.

7. Die Leistungsfähigkeit des Fachhandwerks soll durch Partnerprogramme ver-
    bessert werden. Das findet sich nicht in jedem Betrieb wieder und muss
    individuell beurteilt werden. Die Aktivitäten bewegen sich zu über 50 % auf
    emotionaler Ebene und sind insbesondere Ausdruck der Wertschätzung.

8. Die Informationen über Strategie und Zielausrichtung der Positionierung von
    Partnerprogrammen wird dem Fachgroßhandel seitens der Industrie nur zum
    Teil mitgeteilt. Nur wenige Hersteller binden den Fachgroßhandel mit in ihre
    Aktivitäten ein.

9. Wenn man die Wirkung der Aktivitäten beurteilen würde, so wären die
    Qualifizierungs- und Trainingsangebote bei technischen Firmen der Hei-
    zungsindustrie als überzeugend einzustufen. Alle übrigen bekannten Aktio-
    nen und Partnerprogramme sind eher flankierende Verkaufsförderung und
    Belohnung für erbrachte, überdurchschnittliche Leistung. Der Fachgroßhan-
    del begünstigt diese Industrieinitiativen zur Verbesserung der Loyalität von
    Handwerksunternehmern eher zurückhaltend.

10. Die Kombination von technischem Support und motivierender Gemein-
    schaftsbildung (vor dem Hintergrund des finanziellen Aufwands) von 70 zu
    30 wäre wohl effektiv.

11. Im B2B-Fachhandel wird das Thema Partnerprogramme zu Loyalitätsver-
    besserung für indirekte Kunden der Industrie grundsätzlich kritisch gesehen.
    Die Einrichtung von derartigen Programmen und Initiativen löst immer
    Reaktionen bei der jeweiligen Konkurrenz aus. Es entsteht ein zusätzlicher
    Wettbewerb der Systeme, der insbesondere Druck auf die Wertschöpfung aus-
    löst. Dem Fachgroßhandel wäre es insgesamt lieber, wenn der Hersteller sich
    auf seine Kernkompetenzen konzentrieren würde und innovative Produkte mit
    einem attraktiven und kompetenten Dienstleistungspaket sicherstellt.

12. Als Dienstleister im Bauzulieferermarkt ist dem Fachgroßhandel insbe-
    sondere an der reibungslosen und zuverlässigen Versorgung gelegen. Die
    Abholläger, Badausstellungen und technischen Kompetenzzentren für End-
    verwender und Fachhandwerker bestimmen den Erfolg.

Die zentralen Säulen eines erfolgreichen Partnerprogramms

4

Der Erfolg von Kundenmanagementprogrammen im B2B-Geschäft beruht auf vielen unterschiedlichen Bestandteilen des jeweiligen Geschäfts und der betroffenen Firmen. Nicht zuletzt ist es die Intensität der praktischen und emotionalen Verbindung der Marktpartner untereinander und der von allen Stakeholdern auf Dauer akzeptierten Qualität der Aufgabenteilung im Wertschöpfungsprozess.

Folgende vier Säulen sind für den Erfolg eines Loyalitätsprogramms bestimmend und deshalb beachtenswert:

- Nutzen für den Kunden
- Marktverträglichkeit
- Systematik & Kontinuität
- Gemeinschaft & Struktur

Nutzen für den Kunden ist der Treiber der Zusammenarbeit. Sobald einer der Akteure den Kundennutzen vermisst, keinen Nutzen für sein Engagement identifizieren kann oder sein Einsatz wesentlich und auf Dauer nicht im Verhältnis zum Erlös für sein Unternehmen steht, ist jedes Partnerprogramm nur ein Strohfeuer, in dem im wahrsten Sinne Geld verbrannt wird.

Marktverträglichkeit bedeutet, dass alle Marktpartner eine Win-win-Situation wahrnehmen müssen. Deshalb sollten alle Marktbearbeitungsaktivitäten, wie Verkaufsförderung oder Werbung z. B. im Rahmen eines für alle Teilnehmer „verträglichen Korridors" eingebettet sein, der die Regeln der Werterhaltung und -schöpfung würdigt und fördert. Dazu gehört insbesondere die Vertrauensbildung.

Also ist es sinnvoll, ja unverzichtbar, mit der Großhandelsstufe und den dort interessierten und betroffenen Verantwortlichen ein hohes Maß an Transparenz herzustellen, hinsichtlich des Leistungsumfangs und ergänzender Dienstleistungen.

© Der/die Autor(en), exklusiv lizenziert an Springer Fachmedien Wiesbaden GmbH, ein Teil von Springer Nature 2023
M. Pankow, *Kundenbindungsprogramme für Industrieunternehmen mit indirekten Kunden,* essentials, https://doi.org/10.1007/978-3-658-39790-6_4

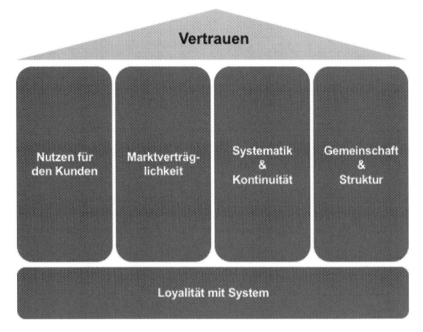

Abb. 4.1 Die zentralen Säulen erfolgreicher Partnerprogramme. (Quelle: Eigene Darstellung)

Systematik und Kontinuität heißt in diesem Zusammenhang eine dauerhafte Struktur mit regelmäßigem Update der Maßnahmen. Das Prinzip erfolgreicher Kundenbindung ist auch Kontinuität. Dieses Prinzip ehrlich und nachvollziehbar zu handhaben, sollte Basis des systematischen Vorgehens sein. Kurzfristiges, sich dauernd änderndes und unverkennbar auf Umsatz- und Ertragsmaximierung orientiertes Vorgehen, gibt häufig Anlass zu scheitern.

Gemeinschaft und Struktur bezieht sich auf das Verhalten der Führungsorgane. Die konsequente Umsetzung der erklärten und praktizierten Kundenmanagementprogramm-Prinzipien sollte auch Bestandteil der Mission des Managements sein, das das Partnerprogramm verantwortet. Die besondere Bedeutung der Bildung einer Wertegemeinschaft und die Organisation von Entscheidungs- und Mitwirkungsstrukturen der Organe der Gemeinschaft rechtfertigen eine „eigene" Säule in der Darstellung in Abb. 4.1.

Abb. 4.2 Prinzipien erfolgreicher Loyalitätsprogramme. (Quelle: Eigene Darstellung)

Es gibt sicher noch weitere bedeutsame Säulen, die Tragfähigkeit versprechen. Mit den hier erwähnten Themenbereichen ist eine Orientierungshilfe gegeben, die fokussiertes Vorgehen ermöglichen soll.

Die Prinzipien erfolgreicher Programme
Die Maßnahmen erfolgreicher Kundenmanagementprogramme im B2B-Geschäft weisen einige spezifische Kennzeichen und Prinzipien auf, die sie von B2C-Konzepten unterscheiden (s. Abb. 4.2):

- **Das Prinzip Leistung und Gegenleistung**
  Die Gegenleistung des Handwerksbetriebes steht im Verhältnis zur Leistung des Herstellers. Basis für diese Gegenüberstellung sind messbare, überprüfbare Indikatoren. Auch Teilnahmen an Workshops mit fachlichem Gedankenaustausch gehören dazu.

- **Die Auswahl der Teilnehmer**
  Die Auswahl der am Programm teilnehmenden Betriebe behält sich der Hersteller vor. Auswahlkriterien ermöglichen eine Entscheidungshilfe, die der Vertriebsaußendienst vorgibt. Er schlägt Betriebe vor. Maßstab ist die Bereitschaft zur Loyalität, die nicht nur Identifikation mit der Herstellermarke bedeutet, sondern auch einen bereits erkennbaren und angemessenen Share-of-Wallet beim Umsatz.
- **Die Entscheidung hinsichtlich der Leistungskomponenten**
  Die Entscheidungen fällt der Hersteller in Abstimmung mit einer ausgewählten Anzahl qualifizierter und motivierter Unternehmer aus dem Handwerk. Das gilt für produktnahe Komponenten oder auch für Bestandteile des betrieblichen Unterstützungs- und Dienstleistungsprogramms. Motto: Leistungen, die man nicht kaufen kann.
- **Die marktpolitische Dimension**
  Verbände und Großhandelskunden der Hersteller haben auch Einfluss auf die Wirksamkeit der Konzeption. Dies wird i. d. R. durch gut durchdachte und überzeugende Argumentation des Herstellers begünstigt. Dabei muss die Priorität auf der gesamten Erfolgskette liegen und beispielsweise nicht auf nur dem Bestimmungsdruck der Fachgroßhändler im Bereich der eigenständigen Sortiments- und Vertriebssteuerung.
- **Die spezifischen Anforderungen an Marketingtools**
  Nicht alle Marketingmaßnahmen führen bei allen teilnehmenden Betrieben direkt zum Ziel. Die nutzenorientierte Ausrichtung, insbesondere der Extraleistungen, müssen gut an individuelle Bedürfnisse eines Handwerksunternehmens der Branche angepasst sein. Während kleinere Betriebe möglicherweise Sachprämien bevorzugen, ist bei Großbetrieben eine Managementunterstützung z. B. im Personalbereich oft wirkungsvoller und eher willkommen.
- **Der Auftrag des Vertriebs- und Marketingservice-Außendienstes**
  Jedes Programm ist nur so erfolgreich wie der Außendienst bereit ist, sich zu engagieren, sich mit den Prinzipien der Programmarchitektur zu identifizieren und täglich damit zu arbeiten, d. h. in die Arbeitsroutine zu integrieren. Mitarbeiter-Incentive-Programme spielen dabei eine flankierende Rolle. Wichtiger jedoch ist die Überzeugung im praktischen Tagesgeschäft. Nur der enge partnerschaftliche Umgang zwischen dem Vertriebsrepräsentanten des Herstellers und dem Handwerksunternehmer erhöht die Wahrscheinlichkeit für erkennbaren und insgesamt anhaltenden überdurchschnittlichen Erfolg.

Zahlreiche Umfragen zu loyalitätsbeeinflussenden Schlüsselfaktoren haben erge-
ben, dass der Außendienst eine besondere Rolle hat und einen bedeutsamen Beitrag
leistet.
Warum ist die Bedeutung des Vertriebs so überragend? Weil ihm sein Kunde
vertraut. Das äußert sich beispielsweise wie folgt:

- Der Vertriebsmitarbeiter bietet Leistungen an, womit sich sein Kunde im Markt
  gegenüber seinem Wettbewerb differenzieren kann.
- Der Vertriebsmitarbeit hilft bei der Ordnung relevanter Alternativen zur Pro-
  blemlösung.
- Der Vertriebsmitarbeiter schützt vor möglichen Fehltritten.
- Der Vertriebsmitarbeiter selektiert und trainiert auf neue Produkte.
- Der Vertriebsmitarbeiter schlägt neue wertbringende und effiziente Verfahren
  vor.
- Der Vertriebsmitarbeiter erleichtert die Beschaffung von Produkten und Leistun-
  gen.
- Der Vertriebsmitarbeiter unterstützt seinen Kunden im gesamten Wertschöp-
  fungsprozess.

Die Realisierung eines Partnerprogramms

5.1 Das Budget

Das Management, das die Gestaltung und langfristige Einbindung eines Loyalitätsprogrammes in die Marketing- und Vertriebsstrategie einer Marke entscheidet, die in mehrstufigen Vermarktungsstrukturen etabliert ist, und das Ziel hat, seine Position im relevanten Markt mit ausgewählten Partnern zu festigen, muss bereit sein, konsequent und dauerhaft zu investieren.

Wie groß das Budget sein soll und in was man investiert, hängt naturgemäß von der Struktur und strategischen Ausrichtung ab (s. Abb. 5.1).

Drei Investitionsbereiche sind nennenswert und für alle Programme gültig:

1. Das laufende Management des Programms
2. Die Ausgaben für zugekaufte Leistungen für die Teilnehmer des Programms
3. Die regelmäßige Weiterentwicklung des Programms

Hinsichtlich des Managements des Programms muss die Entscheidung getroffen werden, ob eine Dienstleistungsfirma, die auf derartige Serviceleistungen spezialisiert ist, beauftragt wird. Falls nein, ist eine interne Abteilung damit zu betrauen, insbesondere, wenn die Leistungen sehr produktbezogen sind, ist das in Erwägung zu ziehen. Eine Kombination ist möglich.

Die Leistungen für die Teilnehmer des Programmes orientieren sich natürlich an der Hauptstoßrichtung der Aktivitäten. Referenten, Fremddienstleister, Kongresskosten, Back-Office-Services, Kommunikationsprojekte und Hotlines bestimmen dabei das Ausgabenprofil.

© Der/die Autor(en), exklusiv lizenziert an Springer Fachmedien Wiesbaden GmbH, ein Teil von Springer Nature 2023
M. Pankow, *Kundenbindungsprogramme für Industrieunternehmen mit indirekten Kunden,* essentials, https://doi.org/10.1007/978-3-658-39790-6_5

Abb. 5.1 Budgetstruktur eines B2B Partnerprogramms. (Quelle: Eigene Darstellung in Anlehnung an Lübcke und Petersen 1996)

Die Weiterentwicklung des Programms konzentriert sich auf neue Ideen, Marktbeobachtungen und mögliche neue Formate zur Steigerung der Attraktivität des Programms insgesamt.

Betrachtet man eine einfache Einnahmen-Ausgaben-Rechnung, so ist folgende Gegenüberstellung grundsätzlich denkbar. Hier sind beispielhaft einige „Etat-Positionen" aufgeführt:

Finanzielle Einnahmen durch individuelle Abrechnung

- Jährliche Teilnahmebeiträge
- Aufnahmegebühr
- Leistungszukauferlöse
- Veranstaltungskostenbeiträge

Immaterielle Einnahmen als Mehrumsatz und Erkenntnisgewinn

- Steigerung des Share-of-Wallet
- Imagegewinn im Markt
- Positiver Markenimage-Impact
- Verbesserungen für Produkte und Dienstleistungen

- Beitrag zur Gemeinschaftsbildung im Stammkundenkreis
- Digitale Plattform für Wertschöpfungsprozesse
- Social-Media-Präsenz für Markenkommunikation
- Zertifikate für Produktinstallation und Wartung

Finanzielle Ausgaben im Rahmen des Programmbetriebs

- Interne/Externe Administrationskosten
- Strukturierungskosten durch interne oder externe Beratung
- Externe Dienstleister für Referate und Workshops
- Kongresskosten und Großveranstaltungen
- Kreativkosten der Kommunikationsagentur
- Bürokosten beauftragter Mitarbeiter
- Kosten für Kommunikation online/offline
- Personalkosten für Projekte
- IT-/CRM-Programm-Kosten
- Startkosten
- Reisekosten

Auf die Frage nach einer Faustformel für die konkreten Kosten in Euro fällt die Zuordnung und Gegenüberstellung deshalb schwer, da bestimmte Unternehmensleistungen auch ohne das Programm umgesetzt werden.

Insgesamt kann man allerdings davon ausgehen, dass ein zusätzlicher Einsatz von 500 bis 1000 € im Durchschnitt pro teilnehmendem Betrieb kalkuliert werden sollte, um ein zeitgemäßes und attraktives Programm zu realisieren. Eine weitere Zielangabe ist die sinnvolle Teilnehmeranzahl: Es sollten erfahrungsgemäß zwischen 750 und 1250 teilnehmende Betriebe in der Reifephase des Programms sein. Das hat insgesamt organisatorische Gründe, wie z. B. die vorzuhaltende persönliche Ansprechkapazität im Servicebereich oder das Management der der Größe von Gemeinschaftsveranstaltungen.

5.2 Empfehlungen für die Umsetzung eines Partnerprogramms in der Praxis

Nachfolgend werden

- die 10 möglichen Ziele eines Partnerprogramms,
- die 5 bedeutenden Praxisvoraussetzungen,

- der eigenständige Start-up-Prozess und
- die wichtigsten Aufgaben der Manager

für die Installation einer Initiative zur Förderung der Loyalität vorgestellt.
Es besteht hierbei nicht der Anspruch auf Vollständigkeit, sondern es wird
lediglich der Versuch unternommen, den Start zu erleichtern und Fragen zur
konkreten Prüfung der Machbarkeit aufzuwerfen. Dies wiederum dient dem
Schutz des Managements vor Überraschungen und schmerzlichen Korrekturen
im Betriebsablauf.

5.2.1 Zehn strategische Ziele

Durch ein Partnerprogramm wird idealerweise die Erreichung folgender Ziele
angestrebt:

Ziel Nr. 1
Geschäftsverlauf im traditionellen, dreistufigen Vertrieb signifikant über dem
regionalen Marktverlauf. Mindestens 10 % der Betriebe im sog. Relevant Set
der indirekten Kunden nehmen teil und realisieren nach der Anlaufphase pro
Betrieb 4-mal so viel Umsatz wie ein „Nichtteilnehmer" vergleichbarer Größe und
Marktstellung.

Ziel Nr. 2
Der die Herstellermarke stärkende Loyalitätseffekt bei den indirekten Kunden fördert die Balance of Power zwischen dem direkten Fachgroßhandelskunden und
dem organisierenden Markenhersteller. Divergenzen im Zusammenhang mit der
Auslegung des Geschäftsauftrages treten zurück und können schneller beigelegt
werden.

Ziel Nr. 3
Enge, persönliche Zusammenarbeit zwischen den Entscheidern der Hersteller-
marken insbesondere der Außenorganisation und den indirekten Kunden auf
Inhaberebene. Das ist ein ausschlaggebender Treiber für die Zielerreichung des
Programms.

Ziel Nr. 4

Transparenz aller leistungsbestimmenden KPIs zur Bestimmung des tatsächlichen Geschäftsumfanges des indirekten Kunden, z. B. durch die Einreichung von Rechnungen oder Verwendung von RFID-Chips. Sollte ein Loyalitätsindex angestrebt bzw. eingesetzt werden, so ist das Informationsmaterial in ein System kontinuierlich einzupflegen, um Rückschlüsse zu ermöglichen.

Ziel Nr. 5

Überzeugung und Begeisterung aller involvierten Personen von der Idee und der Umsetzung im Prozess ist ein weiterer Treiber des Erfolgs. Es fördert zusätzlich den Zusammenhalt in der Belegschaft und das Selbstbewusstsein im Umgang mit dem direkten Kunden.

Ziel Nr. 6

Langfristige Anlage und Praktizierung des Programms zur nachhaltigen, messbaren Festigung der Kundenloyalität. Loyalität setzt auf viele verschiedene materielle und immaterielle Komponenten. Die Kunst dabei ist, den für die Marke in der Branche passenden Win-win-Ansatz zu finden.

Ziel Nr. 7

Stärkung der Glaubwürdigkeit und Tatkraft des Außendienstes durch Training und Einsatz des Loyalitätsprogramms vor Ort. Am Anfang steht deshalb Überzeugungsarbeit und Kommunikation von Best-Practice-Reports an alle Beteiligten, intern und extern.

Ziel Nr. 8

Gewinnung substanzieller Produkt- und Prozessverbesserungsvorschläge und Feedback in der Einführungsphase und bei Tests mit Innovationen. Setzt ein hohes Maß an Vertrauen voraus und muss kontrolliert und abgestimmt praktiziert werden.

Ziel Nr. 9

Markenfördernde Öffentlichkeitsarbeit – insbesondere in der jeweiligen Branche – zur Förderung von Glaubwürdigkeit, Attraktivität und Verantwortung des Markenherstellers gegenüber allen Marktbeteiligten.

Ziel Nr. 10

Plattform z. B. Stammtische zur Gewinnung authentischer Informationen zur Marktbearbeitung. Das Netzwerk liefert dafür laufend neuen Input.

5.2.2 Fünf wichtige Praxisvoraussetzungen

Strategische Voraussetzungen für die professionelle Praxis eines Loyalitätsprogrammes sind:

1. **Markt und Organisation**
   - Über 80 % des Umsatzes wird vom Hersteller in einer Region im traditionellen, mehrstufigen Vertriebsweg gemacht.
   - Professionelles Management des Programms durch eigenständige, interne Organisation oder externe Dienstleister. Am besten beides in Kombination.
   - Erkennbar eigenständiges Kommunikationsdesign.
   - Marktführende Stellung mit mindestens 15 % Marktanteil im B2B.
   - Bereitschaft des Vertriebsaußendienstes zur konstruktiven Mitwirkung.
   - Gutes, belastbares Einvernehmen mit allen relevanten Marktteilnehmern.
2. **Win-win-Situation**
   - Förderung und Integration der loyalsten Kunden zuerst.
   - Festlegung der Hauptaufgabe des Programms z. B. Qualifikation.
   - Gleiche Wertschätzung aller Kunden im operativen Tagesgeschäft.
   - Einstufung aller teilnehmenden Betriebe in konzeptionelle Leistungsklassen mit beidseitig gewollter Intensität der Zusammenarbeit und Identifikation.
3. **Partizipation als Prinzip des Miteinanders**
   - Installation eines Partnerprogramm-Kundenbeirats mit vorrangiger Verantwortung für das Wertesystem und das Selbstverständnis der Organisation. Führung des Programms gemeinsam im Einvernehmen mit der Geschäftsführung des Programmorganisators.
   - Loyalitätswährung in Form von Punkten o. ä. im Bedarfsfall organisieren.
   - Klare Trennschärfe bei Statusstrukturen (Mitgliedschaften: Gold, Silber…) hinsichtlich Leistung und Gegenleistung.
   - Spezialisten im Außendienst fördern die Umsetzung des Programms in der Praxis („Train-the-Trainer" durch Marketing-Service-Experten).
4. **Ergänzungsleistungen, die man (auch) nicht kaufen kann**
   - Gemeinschaftsleistungen wie Fachtagungen, Fachstudienreisen und regionale Stammtische bilden die Basis der regelmäßigen Förderung des Zusammenhaltes in der Kundenorganisation.
   - Jährliche Neuigkeiten und Anpassung des Programms fördern und fordern die Attraktivität und Aktualität sowie die Innovationskraft der Marke.
5. **Betriebsunterstützung zur Steigerung der Leistungskraft des Betriebes**
   - Dienstleistungen zur Optimierung des betrieblichen Alltags.
   - Sofortberatung bei alltäglichen Marketing- und Betriebsfragen, z. B. Hilfe bei steuerlichen, rechtlichen und Versicherungsfragen.

- Hotline für Soforthilfe auf der Baustelle oder in der Werkstatt.
- Vermittlung an auditierte Spezialisten/Beratungen im Bedarfsfall.

5.2.3 Wie der praktische Start gelingt

In diesem Abschnitt wird die Umsetzung des eigenständigen Partnerprogramms im Spannungsfeld von Markenleistungen und Programmleistungen erläutert.

Start
Feste Formulierung der strategischen Ausrichtung der Partnerprogrammkonzeption, Integration in das bestehende Kundenmanagement für indirekte Kunden und Sammlung möglicher taktischer Bestandteile zur Erreichung der Unternehmensziele.

Sortieren, präferieren und festlegen

- **Alle indirekten Kunden eines Unternehmens in der Region**
  - Gemäß Vorschlagsliste und Kennzeichnung durch den Außendienst.
  - Klassifikation gemäß Auswahlverfahren, das vorher entwickelt wurde.
- **Markenbasisleistungen für alle Kunden gem. Marketingausrichtung festlegen. Z. B.**
  - Muster/Kollektion
  - Ausschreibungstexte
  - Technische Beratung und Zertifikatsschulungen
  - Kataloge/Digitale Zugänge
  - Apps
- **Aufnahmeprozess und Auswahlverfahren standardisieren**
  - Dialoge und Protokolle mit Bestätigung
  - Klassifikation und Status
  - Organe (Satzung)
  - Loyalitätswährung
  - Loyalitätsindex

Loyalitätsprogramm
Exemplarische Auswahl einiger Leistungen:

- **Partnerleistung des indirekten Kunden**
  - Ausgangsleistung
  - Geschäftsleistung
  - Kooperationsleistung

– Partizipationsleistung
– Gemeinschaftsleistung
• **Programmleistung des Markenherstellers**
– Intensive Zusammenarbeit
– Ausbildung aller Zielgruppen
– Vorteile und Prämien
– Hotline und technische Hilfe
– Sofortberatung für diverse Betriebsthemen
– Zukaufleistungen für betriebliche Belange und Gemeinschaftsleistungen.

5.2.4 Die wichtigsten Aufgaben der Manager

1. Selbstverständnis des Loyalitätsprogramms intern auf Top-Management-Level verabschieden und mehrjährig festlegen.
2. Bedarfsanalysen für unterschiedliche Zielgruppen durchführen.
3. Differenzierten Partnerleistungskatalog entwickeln.
4. Markenherstellerleistungen und Extraleistungen systematisch ordnen.
5. Qualifizierungsverfahren und Auswahlmodus festlegen.
6. Programm-Mechanik verabschieden.
7. Budget erstellen und verabschieden für mehrere Perioden.
8. Task Force einsetzen, beauftragen und autorisieren.
9. Regelkommunikation etablieren online/offline.
10. Einsetzen eines Beirates aus dem Kreis der indirekten Kunden.
11. Regelwerk und (ggf.) Loyalitätswährung installieren und im Vorfeld erproben.
12. Kommunikationsprogramm mit differenziertem, markenkompatiblem Auftritt.
13. Kontinuierliche Sichtung aller erfolgreichen Instrumente des Marketingservice.
14. Training und Motivation des Vertriebsaußendienstes.
15. Vorbereitung der ersten Gemeinschaftsveranstaltungen.
16. Information ausgewählter direkten Kunden.
17. Ökonomische Erfolgskontrolle anhand festgelegter Kriterien.
18. Teilnahme an ERFA Kreisen.
19. Unternehmensinterne Kommunikation auf Leitungsebene.
20. Ständiger Verbesserungsprozess installieren und Prämien für Vorschläge ausloben.

Einführung und Betrieb eines Partnerprogramms: Praxistipps für Entscheider

6

Nachfolgend wird ein schrittweiser Einführungsablauf (Abb. 6.1) systematisch in einzelnen und aufeinander aufbauenden Paketen dargestellt. Der Ablauf beruht auf Erfahrungen, die der Autor dieses Buches in verschiedenen Einführungsprozessen als verantwortlicher Manager gemacht hat.

Es beginnt mit der Entscheidung hinsichtlich der grundsätzlichen strategischen Positionierung des Loyalitätsprogrammes und der Festlegung der zu erreichenden Ziele im Zeitablauf. Was soll in drei Jahren erreicht worden sein? Welche Qualität soll die Wertegemeinschaft besonders auszeichnen.

Danach folgt die Festlegung der sogenannten Programm-Mechanik mit den Leistungs- und Gegenleistungsanforderungen an Hersteller und Handwerker. Hinzu kommt die Definition einer sogenannten Loyalitätswährung als Ausdruck des Wertes erbrachter Leistungen und zur Einlösung gegen entsprechende Werte.

Daten und Informationen in geeigneten Systemen des CRM werden entwickelt und auf Analysetauglichkeit geprüft, d. h. sind die Informationen wahr, einbringbar und kontinuierlich messbar.

Somit wird danach der relevante Kundentyp definiert und als Wunschpartner im Programm definiert. Merkmale dieser indirekten Kunden werden herausgearbeitet und Erfolgsfaktoren klassifiziert.

Nach diesem Schritt folgen organisatorische Maßnahmen und Entscheidungen hinsichtlich einer Satzung und Werte der Gemeinschaft, Organe der Gemeinschaft, Kommunikationsdesign, Integration in die Marketing- und Vertriebsorganisation und die Umsetzung weiterer Prinzipien wie zum Beispiel die Information der direkten Geschäftspartner im relevanten Markt über die geplante Konzeption. Ist das erfolgreich erledigt, ergibt sich daraus die Startformation und die Inbetriebnahme des Programms kann erfolgen. Nach den ersten Ereignissen beginnt die Optimierung der Umsetzung sowie der Betrieb und die Führung des Programms im Regelbetrieb.

© Der/die Autor(en), exklusiv lizenziert an Springer Fachmedien Wiesbaden GmbH, ein Teil von Springer Nature 2023
M. Pankow, *Kundenbindungsprogramme für Industrieunternehmen mit indirekten Kunden,* essentials, https://doi.org/10.1007/978-3-658-39790-6_6

Abb. 6.1 Schrittweiser Einführungsverlauf. (Quelle: Eigene Darstellung)

Praxistipps für die Strategiefindung
Kernfrage: Was soll mit dem Partnerprogramm nach drei Jahren erreicht worden sein?

• Tipp 1: Strategische Positionierung formulieren.
• Tipp 2: Die erfolgversprechendsten indirekten Kunden gewinnen.

Checkliste

• Freigabe strategisches Konzept erfolgt.
• Budget genehmigt.
• Taskforce aufgestellt.
• Interne Kickoff-Veranstaltung vorbereitet.

Praxistipps für Programm-Mechanik
Kernfrage: Wie soll das Partnerprogramm funktionieren?

- Tipp 1: Loyalitätswährung festlegen.
- Tipp 2: Interne und externe Experten für den Content beauftragen.

Checkliste

- Leistung und Gegenleistung sind formuliert.
- Transparenz intern/extern ist hergestellt.
- Gremien sind besetzt.
- Dienstleister, extern, sind benannt.
- Außendienst ist trainiert.

Praxistipps für Daten und Informationen
Kernfrage: Welche KPI sind nützlich und zielführend?

- Tipp 1: Test geeigneter Kennzahlen.
- Tipp 2: Vorhandenes CRM-System einsetzen.

Checkliste

- Zielgruppen sind definiert.
- Kundenanalyse ist erstellt.
- Außendienst ist gebrieft.
- Budget ist verifiziert.
- Controlling ist verantwortlich eingerichtet.

Praxistipps für Mitgliederakquisition
Kernfrage: Welcher Kunde wird gesucht?

- Tipp 1: Wunschkunden definieren.
- Tipp 2: Erfolgsfaktoren erarbeiten.

Checkliste

- Kommunikationskonzept liegt vor.
- Auswahlverfahren ist akzeptiert und praktikabel.
- Key-Account-Management eingerichtet.
- Informations- und Dialogdokumente erstellt.

Praxistipps Partnerprogramm Start
Kernfrage: Was sind die drei wichtigsten Themen, die gesagt werden müssen?

- Tipp 1: Programmgestaltungsroutine organisieren.
- Tipp 2: Geschäftsleitung einbeziehen

Checkliste

- Einführungskommunikation (PR) erfolgt.
- Veranstaltung ist organisiert.
- Schlüsselpersonen sind beauftragt.
- Dramaturgie zum weiteren Vorgehen ist festgelegt.

Praxistipps kontinuierliche Optimierung
Kernfrage: Was kann besser gemacht werden?

- Tipp 1: Feedback einholen.
- Tipp 2: Auf das Wesentliche konzentrieren.

Checkliste

- KPIs sind auf Tauglichkeit geprüft.
- Workshop-Ergebnisse sind verarbeitet.
- Erfolge werden gefeiert.
- Neue Bestandteile für die nächsten zwei Jahre sind gefunden.

Praxistipps für das Tagesgeschäft
Kernfrage: Erfüllen die Maßnahmen die gesteckten Ziele?

- Tipp 1: Regelkommunikation überprüfen.
- Tipp 2: Beirat und Organe arbeiten lassen.

Checkliste

- Führungsstruktur ist bestätigt.
- Markt ist informiert.
- Wirtschaftlicher Erfolg ist geprüft.
- Gemeinsame Erlebnisse sind
- geschaffen.

Im Kern geht es bei Loyalitätsprogrammen mit indirekten Kunden im B2B um die Beeinflussung des Verhaltens ausgewählter Persönlichkeiten mit systematisch organisierten, vertrauensbildenden Maßnahmen.

Als Arbeitsgrundlage wird das Marktmodell des traditionellen Vertriebsweges in der Haustechnik in Deutschland gewählt. Hersteller, Fachgroßhändler und Handwerker bilden das traditionelle Leistungsbündel für den sogenannten Endverbraucher – privat oder gewerblich.

Es empfiehlt sich grundsätzlich an folgende Rahmenbedingungen zu denken

- Die Würdigung der Rolle des Fachgroßhandels – als Sandwich-Funktion zwischen Hersteller und Verarbeiter von Produkten – und das kluge Management der Divergenzen eines Herstellers mit dem Fachgroßhandel als seinem direkten Kunden. Diese Aufgabe ist Chefsache und bedarf höchster Aufmerksamkeit und Glaubwürdigkeit.
- Die Selbstbestimmung und der Stolz des Handwerksbetriebes sind sehr ernst zu nehmen. Emotionale Kompetenz und Verhandlungsgeschick begünstigen hier den Erfolg. Nur ehrlicher Mehrwert begünstigt wahre Loyalität.
- Der Endverwender/Nutzer von Industrieprodukten ist i. d. R. bestens informiert über Produkte, Preise und Leistungen. Der Mehrwert, insbesondere der extra Programmleistungen, sollte darauf ausgerichtet sein und diese Marktbedingungen berücksichtigen.
- Der Anspruch der Einzigartigkeit eines Programms ist von dem Motto bestimmt: Leistungen, die man nicht kaufen kann. Diesen Anspruch sollte jeder Organisator versuchen zu erfüllen.

M. Pankow, *Kundenbindungsprogramme für Industrieunternehmen mit indirekten Kunden,* essentials, https://doi.org/10.1007/978-3-658-39790-6_7

Voraussetzungen für den Umsetzungsprozess sind erfahrungsgemäß folgende

- Nur die treibende Kraft der Geschäftsleitung eines Geschäftsbereiches und die ständige Auseinandersetzung mit dem Loyalitätsprogramm ist erfolgsverspre-chend.
- Die klare Identifikation des Vertriebsaußendienstes mit dem Programm bringt die Kraft der Initiative am besten zur Entfaltung.
- Basisqualität der Markenleistung ist ausdrücklich vorauszusetzen. Ein gutes Loyalitätsprogramm kann eine schlechte Hersteller-Performance nicht kompen-sieren.
- Marktführerschaft in einer Region ist als Ausgangsvoraussetzung hilfreich. Als kleinerer Marktmitläufer ist die Durchsetzung eines Loyalitätsprogramms sehr schwer möglich. Ausnahme ist möglicherweise ein profilierter Nischenanbieter mit Markenkraft.
- Die Übertragung eines Programms 1:1 auf alle Länder z. B. in Europa ist schwer und sollte wegen der i. d. R. unterschiedlichen Kulturen und Strukturen vor Ort nicht angestrebt werden. Genaue Analysen der Ländersituationen geben Aufschluss in dieser Frage.
- Eine Bereitschaft zu einer „Stehzeit" des Loyalitätsprogrammes von mindestens 5 Jahren sichert die Glaubwürdigkeit und – wenn es gut gemacht ist – den Erfolg.
- Eine gute Ausgangspartnerschaft mit den direkten Kunden ist erforderlich als Voraussetzung für die störungsfreie Umsetzung des Programms im Markt.
- Grundrichtung und vorrangiges Ziel aller Aktivitäten ist immer und zu jeder Zeit eine Win-win-Situation für alle Teilnehmer im indirekten und direkten Kundenkreis.
- Die Einigkeit mit dem Fachgroßhandel ist geboten – zumindest eine Duldung seinerseits.
- Ein genehmigtes Budget ist zwingende Voraussetzung.
- Ob Punkte oder Rechnungswerte realisiert werden – es ist ein System zu installieren, das mit einer sog. Loyalitätswährung arbeitet.
- Eine professionelle Agenturunterstützung zahlt sich in den meisten Fällen aus.

Vertrauen und Win-win-Situation als Schlüssel zum Erfolg eines Programms wirken nachhaltig positiv auf das Geschäftsergebnis mit folgenden spürbaren Ergebnissen:

- Mitarbeiter – gut eingestellt und hoch motiviert.
- Programm – wertschaffend und attraktiv für alle Kunden.
- Kommunikation – verständlich, wahr und zeitgemäß.
- Markenkraft – wächst mit der Loyalität vieler Kunden.

- Innovationen – glaubwürdig gefördert von der Kundenbasis.
- Verbesserungsprozess – liefert ständig neue Herausforderungen.
- Investment – ROI merkbar und messbar.
- Feedback – Bereitschaft zu kontinuierlichem Austausch.
- Kundenbeirat – Einsatz ist nützlich, da wichtiger Impulsgeber.

Am Ende dieser Ausarbeitung hoffe ich einen konstruktiven und verständlichen Beitrag geleistet zu haben, der für das von mir gewählte Marktmodell eine Empfehlung für alle Manager des behandelten Leistungsbündnisses liefert sowie ein nachhaltiges und gutes Geschäft zwischen gegenseitig loyalen Unternehmen und seinen Repräsentanten ermöglicht.

Was Sie aus diesem *essential* mitnehmen können

- Einen Blick auf Chancen, die mit Partnerprogrammen im B2B möglich werden.
- Unterstützung bei der Entwicklung eines Partnerprogramms, das mithilfe der Verbesserung von Kundenloyalität positiv zur Geschäftsentwicklung beiträgt.
- Motivation zum Start einer neuen Initiative zur Kundenbindung.
- Antworten auf die Frage nach der Eignung von Kundenbindungsprogrammen für ein Unternehmen.
- Grundsätzliche Voraussetzungen, die das Unternehmen erfüllen sollte, wenn die Entwicklung eines B2B-Partnerprogramms ansteht.

© Der/die Herausgeber bzw. der/die Autor(en), exklusiv lizenziert an Springer Fachmedien Wiesbaden GmbH, ein Teil von Springer Nature 2023
M. Pankow, *Kundenbindungsprogramme für Industrieunternehmen mit indirekten Kunden,* essentials, https://doi.org/10.1007/978-3-658-39790-6

Literatur

Business-to-Business-Marketing: Dieter Lübcke/Raimund Petersen Hrsg. (1995). Relationship in der Praxis: Fallbeispiele, Gebrauchsanleitungen, Erfahrungsberichte. Schäffer Poeschel.

Kundenwertanalysen im Beziehungsmarketing: Jens Cornelsen (2000). Theoretische Grundlagen und Ergebnisse einer empirischen Studie im Automobilbereich. Nicht gebunden. Schriften zum Innovativen Marketing. Hrsg. Hermann Diller.

Kundenwert in Forschung und Praxis: Elisabeth Rudolf-Sipötz/Torsten Tomczak. (2001). Fachbericht für Marketing. Thexis-Verlag, St. Gallen.

Vorsprung durch Einmaligkeit: Stefan Skirl/Ulrich Schwalb. (1995). Bausteine und Wege zum Erfolgsprogramm. Gabler.

Kundenorientierung: Manfred Bruhns. (2016). Bausteine für ein excellentes Customer Relationship Management (CRM). 5. Vollständig überarbeitete Auflage. Beck-Wirtschaftberater.

Die Stärkung das traditionellen 3-stufigen Vertriebswegs im Sanitärmarkt durch den Einsatz neuer Medien: Uwe Kern/Michael Pankow. (2005). Arbeitspapier FOM Hochschule für Ökonomie und Management.

© Der/die Herausgeber bzw. der/die Autor(en), exklusiv lizenziert an Springer Fachmedien Wiesbaden GmbH, ein Teil von Springer Nature 2023
M. Pankow, *Kundenbindungsprogramme für Industrieunternehmen mit indirekten Kunden,* essentials, https://doi.org/10.1007/978-3-658-39790-6

Printed in the United States
by Baker & Taylor Publisher Services